香港神學院

當代教會課題研討

當工作遇上安息

趙崇明、邵樟平 合編

基道出版社

▼

香港神學院 · 當代教會課題研討

當工作遇上安息

When Work Runs into the Sabbath

合編
趙崇明、邵樟平

責任編輯
蔡錦圖

裝幀設計
莫可雅

■

聯合出版

香港神學院　基道出版社

香港九龍塘 金巴倫道17號
BIBLE SEMINARY OF HONG KONG
17 Cumberland Road, Kowloon Tong Hong Kong
電話：(852) 2336-0088　傳真：(852)2338-9908
網址：http://www.bshk.edu.hk

香港沙田火炭坳背灣街26號 富騰工業中心1011室
LOGOS PUBLISHERS
Unit 1011, Fo Tan Ind. Centre, 26 Au Pui Wan St., Shatin, Hong Kong
電話：(852) 2687-0331　傳真：(852) 2687-0281
網址：http://www.logos.com.hk

發行
基道出版社

承印
海洋印務有限公司

●

3/2007 初版
Cat. No. LP910
ISBN-10: 962-457-324-7
ISBN-13: 978-962-457-324-4

Printed in Hong Kong

刷次	10	9	8	7	6	5	4	3	2
年份	2016	2015	2014	2013	2012	2011			

目錄

序
趙崇明 1

聖經篇

1 舊約的工作觀
陳文芳 7

2 新約的工作觀
褚永華 35

3 從舊約「創造神學」看安息日的意義
張祥志 49

4 從福音書的安息日爭論反思安息日的神學
邵樟平 63

文化及神學篇

5 精義與實踐——禪宗的開悟與安息日的意義
蘇遠泰 81

6 當安息日遇上香港社會的麥當奴化
趙崇明 107

牧靈及生命見證篇

7 安息日與現代信徒的屬靈操練
張慧玲 137

8 如何作一位「七日聖徒」——歸回安息
張天和 157

9 在商界實踐安息日精神可行嗎？——一個真實個案及一次真摯對談
尹祖伊 173

跋
邵樟平 181

序

趙崇明

傍晚太陽下山的時分，仍擠滿了有各樣需要的羣眾，有患病的、有被邪靈附身的。他們簇擁著耶穌，期盼耶穌有所行動。耶穌沒有令人失望，祂治好了許多患各種病症的人，也趕走了許多邪靈(鬼)，聖經連續用了兩次「許多」這字眼。為了滿足羣眾的需要，耶穌很忙，忙於「許多」工作之中。耶穌也是血肉之軀的凡人，經過忙碌工作之後，筋疲力竭，倒頭大睡至日上三竿，本來也是自然的事。然而，第二天一早，天還未亮，耶穌就起牀，似乎有所行動。可是，祂原來並非急於要再次進入人羣當中，忙於為羣眾工作。祂卻選擇離開屋子，出城到偏僻的曠野去，在那裏禱告。(參可一32～35)

相信沒有人會質疑耶穌醫病趕鬼這類工作的價值，而且根據四卷福音書的記載，耶穌經常走遍各城各鄉忙碌工作——傳道、探訪、醫病、趕鬼……，祂是一位樂於工作與行動的人。由此可見，耶穌不但肯定祂所幹的某類工作有意義，祂同時肯定工作與行動本身的價值。不過，在眾多種類的工作中，祂似乎又特別重視傳道這工作，因為祂囑咐門徒如此說：「我們可以往別處去，到鄰近的鄉村，我也好在那裏傳道，因為我是為這事出來的。」(可一38) 毫無疑問，耶穌意識到傳講上帝的道是道成肉身臨到世上最重要的工作和目的。換言之，道成肉身由始至終最重要的工作，正是要讓這在世存在的道去揭示自己，讓人認識這道，並且讓人認識跟這道原為一的聖父上帝。如此說來，耶穌之所以特別重視傳道這工作，是由於傳道不僅是一份工作那麼簡單，它同時關乎認識「上帝是誰」這更重要的本體論課題。這大概就是不少神學家經常強調，不能離開「存在」(being) 去談論「工作」或「行動」(act) 的原因了。

基於此，我們就不難明白，耶穌在忙碌的工作之後，為何在大清早便要往曠野安靜祈禱了。耶穌在筋疲力竭之後，不但需要肉體的休息。祂在羣眾的簇擁之後，更需要獨自進入偏僻的曠野，抽離羣眾，安息於獨處和禱告中，在跟祂原為一的聖父懷裏，面向自己本真的存在。

故此，安息並非死寂不動，它並非跟工作和行動對立，它卻是靜默的言語、是抽離的投入、是獨處的共融、是寧靜的行動，最終的目的，總是要揭示存在的本相。梅頓 (Thomas Merton) 在《默觀的新苗》(*New Seeds of Contemplation*) 中，有一段很有意思的說話：

> 這個在世上工作的「我」，為自己著想、觀察自己的反應、談論自己，但卻並不是那個已經在基督裏與神合而為一的真「我」。它極其量只是罩衣、面具，

> 那神祕未知的「我」的偽裝……默觀正正是意識到這個「我」其實「不是我」，是不知的「我」的覺醒。[1]

如果「默觀」的目的是要讓默觀者去發現真正的自己，則「安息」何嘗不是從本來隱藏於工作那偽裝的自我中，尋回本真的我。

是故，這本文集內九篇文章，無疑是九位作者、編者及出版社有關同工工作的成果。到了本書出版面世的時候，所有人終於能「歇了我們一切的工，安息了」。但願如此，期盼我們不是只為工作而工作，而是為安息而工作，更期盼我們能安息於三一上帝裏而工作，從而慕道、悟道並安息於道裏，被道轉化而更新，成為新造的人(new being)。是為序。

趙崇明

二〇〇六年十二月二十七日

寫於香港神學院

註釋：

1 梅頓(Thomas Merton)著，羅燕明譯：《默觀的新苗》(香港：基道出版社，2002)，頁7。

聖經篇

1

舊約的工作觀

陳文芳

一 引言

現代人生活忙碌，對不少香港人來說，工作佔了每天將近一半或甚至更多的時間。雖然政府現正逐步推行每周五天工作的政策，想令市民有更多時間休息和陪伴家人，但結果每個工作天的工作時間就會明顯延長了。工作成為不少人生活的重心，更成為身分地位的辨識指標。十誡中的第四誡要求神的子民「當記念安息日，守為聖日。六日要勞碌做你一切的工，但第七日是向耶和華你神當守的安息日。這一日你和你的兒女、僕婢、牲畜，並你城裏寄居的客旅，無論何工都不可做。」(出二十8～10) 第四誡所指的「工」是甚麼？到底基督教的舊約聖經怎樣看工作？工作和生活有何關係？作為神的子民對工作該有甚麼態度？本文嘗試從舊約聖經中五個有關「工作」的重要詞彙，包括：⑴ **məlāʾḵāʰ** (工作)；⑵ **ʿāḇaḏ** (修理、事奉)；⑶ šāmar (看守、遵守)；⑷ **maʿăśeʰ** (工作、作為）及(5) ʿāmāl（勞碌），來探討上述問題，並了解舊約聖經中工作的本質和意義。

二 討論的進路

1. 經文的敘事體裁與工作的概念

要討論舊約聖經的工作觀實在不容易，很容易犯上以偏概全、斷章取義或各取所需的毛病。以偏概全是只挑幾節有關「工作」的經文（例如引自創世記、出埃及記、箴言等），便說這是「舊約聖經」的工作觀，或加上幾節新約的經文，就成為全本「聖經」的工作觀。然而，問題是舊約聖經佔三十九卷，篇幅又多，難道引用愈多經文，就表示愈有說服力、愈肯定那就是「舊約聖經」的工作觀嗎？當然以歸納論證來看，支持論點的經文愈多，理論上建立論點的基礎就較穩固，但也要看引用的經文是否斷章取義、忽略上下文和脈絡，或甚至曲解經文原意。假如隨便引用經文來「證明」自己的看法，而忽略那段經文是否真正代表一種概念、或是否足以成為原則，就是犯了各取所需的毛病。但困難是，舊約聖經大部分的經文都是敘述文，更有不少詩歌、箴言，亦有歷史、傳記、講章、故事，甚至戲劇形式的體裁，只有很小部分是規範式或律法式的經文，要從這些敘述文或詩歌體裁的經文中建構一套規範的觀念或原則，是非常困難的事。

2. 聖經豐富而多元的思想向度

再者，聖經各書卷有其要表達的信息，「工作」不一定是各書卷的焦點，勉強從各書卷中汲取有關「工作」的教訓亦有困難。聖經各書卷在不同的作者和編修者筆下，信息多元而豐富，不能預設或只尋求「一種」「統一」的看法，就稱之為「舊約聖經」的工作觀。理查遜（Alan Richardson）提到：「是否可能談及『聖經有關工作的教義』而不粗暴對待聖經中豐富的歷史上不同種類的觀點？我們是否應該談及從聖經找到**不同種類的**對人生活和工作的理解？」[1]他提醒我們要避免墮進一個陷阱：「正如許多現代神學的特色一樣——就是假設聖經思想有某些統一特性，然後尋找證據來支持這假設。」[2]要建構工作的神學或工作的倫理觀，必須建基於聖經，而各聖經書卷相同和不同的觀點和信息，正正可擴闊和豐富讀者對舊約聖經的了解。若從希伯來正典（*TANAK*）的三部分：律法書、先知書和著作來看舊約聖經的工作觀，相信亦可以有豐富的啟迪。惟篇幅所限，本文只能從字義研究方向了解舊約聖經的工作觀。

3. 從字義研究看「工作」概念的限制

若要了解舊約聖經的工作觀，字義研究是一個重要的方向，可以深入認識某種概念，以及在不同處境之間這概念的互相呼應。但字義研究亦有其局限，一方面聖經對「工作」有不少的同義字或近義字，聖經作者可能以重覆某一字來加強信息，亦可以因為文學技巧的緣故而採用不同的近義字，但概念可能是相同的。另一方面，若要了解一個概念，不可能光是閱讀有那個字出現的經文。例如研究掃羅，若單單搜查有關「掃羅」的經文就一定有所缺，因為有不少敍述經文沒有「掃羅」這個字，卻完全是在描述掃羅的。對於「工作」這個範圍較闊或意義較空泛的字眼，情況就更明顯，因為「工作」的概念牽涉到職業、日常生活的活動，甚至「做」任何事，亦牽涉人生活和工作的態度，有許多字和經文都描述工作，到底要選擇哪一些字來建構舊約的工作觀？因此，單從有關「工作」的字義來探討舊約聖經的工作觀，會有一定的局限。

4. 工作的定義

若要尋找舊約聖經的工作觀，必須先定義「工作」。但我們不能太快預設「工作」就等於「職業」。舊約聖經記載了各行各業，但安息日條例所指的「工作」絕不單是「職業」，而是與生活息息相關的活動。理查遜指出：「定義『工作』很困難，因為概念很闊。舊約用這詞指工作、努力、勞動、勞苦、服事，甚至敬拜。若把其定義為『有目的地運用精力』，就太空泛，是無意義的。若把其定義為『運用精力，為了回報或賺取生計』，那麼創造者的工作肯定不包括在這定義中。」[3] 理查遜認為，工作有三種主要的意思：創造的工作（只限於神）、人的工作（所有工作，由統治帝國至伐木和取水），以及基督的工作（意思是為福音工作）。本文因篇幅所限，討論主要集中在人的工作。

5. 本文要討論的詞彙

本文嘗試探討舊約聖經中五個有關「工作」的重要鑰字，包括：第一個字是**məlāʾḵāh**（工作，參創二2～3：「造物之**工**」；出二十9：「六日要勞碌作你一切的**工**」），神創造世界之「工」完畢，祂歇了一切的「工」而定下安息日，就是這個字。這亦是守安息日的誡命中一個非常重要的鑰字，要作甚麼「工」或不准作甚麼「工」都是這個字。在神創造人之後，安置亞當在伊甸園，他的第一份工作就是「修理」、「看守」，這兩個字意義深長，本文將詳細討論。第二個字是 **ʿāḇaḏ** (修理、事奉，參創二15：「**修理**看守」；出二十9：「六日要**勞碌**作你一切的工」)。第三個字是) šāmar (看守、遵守，參創二15：「修理**看守**」；出三十一14：「**守**安息日」)。第四個字是**maʿăśeh** (工作、作為，參出二十三12：「六日你要作**工**」；創四十六33：「你們以何**事**為**業**？」)，亦是安息日條例中描述「工作」的重要鑰字，亦用來描述神的作為和人的作為。最後一個字是**ʿāmāl** (勞碌)，在傳道書出現過三十五次，論及人世間的勞苦工作，對舊約聖經的工作觀提供嶄新而另類的看法，令人有很深的反省。

至於**ʿāśāh** (創二2：「神**造**物的工」；出十二：「無論何工都不可**作**」) 是動詞，有「做、作」的意思，在舊約中出現過二千六百二十九次，用途廣泛，不在本文討論之列。另一個動詞**pāʿal**有「作、行、行為」的意思，多指人的行動和行為，在舊約出現過九十四次，亦不在本文討論之列。

三 məlāʾḵāh (工作)

1. 工作是否等如職業？

məlāʾḵāh有「差派」的意思，再延伸至「工作」。這詞在舊約出現過一百六十六次，在創世記二章2至3節用來描述上主創造的工：「到第七日，神造物的**工**已經完畢，就在第七日歇了他一切的**工**，安息了。神賜福給第七日，定為聖日；因為在這日，神歇了他一切創造的**工**，就安息了。」上主的工作就是創造，祂看著所造的都甚好，創造的工作已經完成了、完滿了，上主就停止了工作 (安息了)。以色列人在出埃及前第一次過逾越節，第一日和第七日「除了預備各人所要吃的以外，無論何**工**都不可作。」(出十二16) 在西乃山頒佈的十誡中的第四誡守安息日誡命，上主更嚴嚴的吩咐：「六日要勞碌作你一切的**工**，但第七日是向耶和華你神當守的安息日。(這一日) 你和你的兒女、僕婢、牲畜，並你城裏寄居的客旅，無論何**工**都不可做。」(出二十9～10) 安息日條例規定「六日要作**工**」(出三十一14～15，三十五2；利二十三3；申五13)、第七日「無論何**工**都不可作」(利十六29，二十三28、30、31；民二十九7；申五14，十六8；耶十七22、24)、「甚麼勞碌的**工**都不可作」(利二十三7～8、21、25、35～36；民二十八18、25，二十八26，二十九1、12、35)。[4] 由於干犯安息日等如違反上主的誡命，是要被治死的，因此「工作」的定義對猶太人來說非常重要。按照公元三世紀猶太人的律法書綱要米示拿 (Mishnah) Shabbath 7:2 的記載，「工作」包括三十九項定義，其中包括紡線編織、耕種收割、做食物、剪羊毛工序、結繩、縫針、捕獸和屠宰、寫字、建築、生火、運送物件等等。[5] 可以說「工作」不單包括職業，更包括生活上的許多部分和各種活動，**工作本來就是生活**。

2. **məlāʾḵāh**（指各行各業有技巧的工作）

məlāʾḵāh在各卷聖經的分佈，顯示它跟在聖所的工作、或跟包含聖物的工作有緊密聯繫，在申典歷史 (主要在王上六章以後) 用於興建聖殿的描述，在歷代志有六十三次描述興建聖殿的處境和裝修，其意義主要分四個範圍。[6] 相對於勞動的工作而言，**məlāʾḵāh**在舊約大部分的情況是指「需要技巧的工作」。技巧的種類包括：以珍貴金屬做的工作 (出三十八24)、以寶石做的工作 (結二十八13)、耕種技巧 (代上二十七26；箴二十四27)、以陶瓷做的工作 (耶十八3)、灌溉 (詩一O七23）、用繩做工（士十六11）、在皇室聚會中工作（創三十九11；斯三9，九3；但八27）、祭祀崇拜（耶四十八10）、攜帶神聖物件（民四3）、作判官及官長（代上二十六29）、執行適合神的工作（代上二十九1）、一個職業（拿一8）、計劃及執行（代上二十八19；結十13）、執行傑出技巧（王上十一28）。神的工作是有技巧的工作：創造（計劃及執行技巧，創二2；詩七十三28）及懲罰列國（耶五十25）。隨著部族組織發展至城邦，甚至王國的建立，政府組織架構漸趨成熟，金融體系和商業活動發展蓬勃，都大大促進各行各業，特別是各種專業的發展。[7] 人按他所做的工作來辨認或確立他的身分。[8] **人工作不單為自己的利益，更為了社會大眾的福祉，藉各種工作互相扶助、建立社會**。

məlāʾkāh最有指示性的系列，是在興建會幕和聖殿，以及維修聖殿。比撒列是充滿「智慧、聰明、知識及一切手藝」或「技巧」（出三十一3，三十五21、31）（和合本：「能作各樣的工」）；戶蘭有能力用銅作有技巧的工作（王上七14）；興建會幕的人是有「智慧」的人（出三十六4、8）；亦有用石頭、木頭和金屬工作的技巧（出三十一4～5，三十五33，三十八24；王上七14、22；代上二十二15～16，二十九5）；紡織的工作（出三十五35）；以及製造聖殿器皿（王上七40）。修理建築物亦需技巧（王下十二12、15、16，二十二5、9；代下二十四13，三十四10、12、13、17；拉三8～9；該一14）。由有技巧的工作觀念看建築的一般活動（出三十九43；王上七51；代下四11，五1，八16；尼二16）。人建築的技術成熟到可以計劃建造一座城和通天巨塔（創十一3～5），人的智慧技術可以令人的名傳揚天下，但這種想與神齊名甚至要超越神的心態，終叫巴別塔不能建成。然而，現代社會仍有人不斷要建築摩天大廈，與天比高，**建築或專業技術的進步本身並沒有問題，但背後的心態卻值得我們關注**。

其中一類有技巧的工作，是有關祭祀的任務，尤其記載在歷代志（代上九13、19、33，二十三4、24，二十六30；代下十三10；尼十34，十一12、16、22，十三10、30）。一個作為祭祀任務的重要例子是歷代志下二十九章34節，由於太少祭司為所有祭牲剝皮，因此利未人幫助他們，直至「祭祀的任務」完成。其他類型的祭祀職責是彈奏樂器和唱歌（代上九33，二十五1；尼十三10）；保衛門檻（代上九19）；以及擔任最神聖的任務（代上六34）。歷代志上九章13、19節指「祭祀服務」。這是由於歷代志作者將「體力勞動」的意思轉移至「祭祀服務、崇拜」。因此，直譯為「祭祀服務的有技巧工作」。只有在歷代志有這諺語的理解，而其原本意義是「建築計劃」或「有職業的工作」。[9] **在聖殿事奉，亦需要有各項專職和專業，互相配搭**，聖經從來沒有描述祭司是萬能老倌耍獨腳戲（one man band），**事奉實在需要團隊精神**，而**各種技巧亦需要有教導和訓練**（代上二十五章），才能代代相傳，精益求精。

3. məlāʾḵāh（工程）

məlāʾḵāh一個更普遍的意義，包含「工作」這觀念的完整範疇，由思想活動例如一同計劃，到用技巧或肉體勞動去執行。這詞最好的用法是指到「計劃」或「工程」。首先的例子是興建聖所及修理，表示「工作的執行」（出三十五21、24，三十六1、3；代上二十八13、20；代下二十四12）。興建聖所被理解為執行一個計劃或企劃（出三十六2、5、7，四十33）。

因此，興建所羅門殿亦如是（王上五30，九23；代上二十八19、21，二十九1；代下八16）：例如以斯拉時修葺聖殿（拉二69；比較七70下；拉三8下，六22）；尼希米興建城牆（尼二16，四5、9、10、11、13、15、16，五16，六3、9、16）及修理聖殿的工作（代下二十四12及下；三十四10、12、13、17）等。「工程」的意思亦見於歷代志下十六章5節，巴沙停止興建拉瑪的工程。箴言二十四章27節亦表達計劃和執行的意思，以此表示一個一般工作的計劃。撒母耳記上八章16節用以表示「君王的計劃」或「官方工程」（參王上九23，雖然在此「君王〔所羅門〕的計劃」可以表示「規定的服務」）。創造的工作亦可被理解為「計劃」（創二2～3）。尼希米興建城牆的偉大工程遭受許多反對攻擊，但尼希米向神禱告，和同伴一手**作工**（**məlāʾḵāʰ**）、一手拿兵器，終於修好城牆，亦為聖民定清界限、潔淨聖民，與眾民立約，重新歸向神。**在不信神的工作環境中持守作神子民的身分一點都不容易，隨時遭人誣陷攻擊，甚至遭殺身之禍，但上主的拯救從不間斷，尋求祂的人必得著拯救**。回想大衛雖然曾經是合神心意的王，但因著流人血的雙手，被剝奪建造聖殿這偉大工程的資格（代上二十八3），實在令人唏噓。

「工程」另一個包含肉體和思想工作的綜合意義，在安息日和節期的規定上可以看見（出十二16，二十9下，三十一14下，三十五2；利十六29，二十三3、7下、21、25、28、30下、35下；民二十八18、25下，二十九1、7、12、35；申五13下，十六8；耶十七22、24）。其中12節有關節期的是用「甚麼勞碌的工都不可作」（**kol-məléʾḵeṯ ʿăḇōḏāʰ**），有關安息日和救贖日的是用「無論何工都不可作」（**ḵol-məlāʾḵāʰ**）。「無論何工都不可作」(**ḵol-məlāʾḵā^{h}**) 證實比「甚麼勞碌的工都不可作」(**kol-məléʾḵeṯ ʿăḇōḏā^{h}**) 的意思更包羅萬有。「無論何工都不可作」(**ḵol-məlāʾḵā^{h}**) 表示在安息日和救贖日有「絕對休息」，「一切可以理解的盡力，不論有無技巧、重或輕、都被譴責。」不是所有**məlāʾḵā^{h}**都被譴責，而是包含肉體勞動的(即是有職業的工作)就被譴責。由此除了安息日和救贖日，在其他節期中仍會禁止有些勞動，而較輕的肉體活動，例如清潔家務或專心讀書是容許的。

4. məlāʾḵā^{h}(製造)

məlāʾḵā^{h}亦代表「完成的產品，就是透過技巧作成的」。「製造」的觀念可參考利未記十三章48節，大麻瘋「在皮子**做**的甚麼物件上」。出埃及記三十六章6節描述百姓不要再帶「製造的貨物」來作聖所的奉獻。出埃及記三十九章43節摩西見聖所一切的**工**都作成了，是指完成的產品。以西結書十五章3至5節記述葡萄樹的比喻，葡萄樹是否可以造成一個「產品」(參利七24，十一32，十三51)。更具體一點，作為被製成的產品是指「可移動的財產」。出埃及記二十二章7、10(11)節人立誓時「手裏未曾拿鄰舍的**物**」，「物」是指「牛、羊、牲畜」。撒母耳記上十五章9、15節掃羅保留好的動物為活口，給上主獻祭，殺了「凡下賤瘦弱的」。創世記三十三章14節以掃跟隨「羣畜」，「牛、羊、牲畜」作為**məlāʾḵā^{h}**，指牲畜是飼養的技術勞動的成果。

5. məlāʾḵā^{h}(使命或事務)

「使命」簡單的引申意義是「使命、職事、任務」，更進一步的延伸意義是「事業、事務」。「職事、使命」的意義可見於創世記三十九章11節約瑟去辦波提乏的「事」(**məlāʾḵāʰ**)。注意約瑟是在執行他的工作及職責。先前他已經受僱主波提乏的太太多次性騷擾，但約瑟不聽從她、遠離她：「我怎能作這大惡得罪神呢？」(創三十九9) 就是這次進屋辦事，再次拒絕老闆娘的勾引，約瑟被人誣陷，身陷囹圄。但上主與約瑟同在，上主使他所作的盡都順利(創三十九21、23)。**作為公僕、人僕之先，神的子民更要作神的僕人。無論是升職、被貶，約瑟一直持守正直，在工作上盡忠，主的同在亦使他化險為夷**。

約拿書一章8節水手問約拿：「你以何**事**為**業**(**məlāʾḵāʰ**)？」意思是「你是做甚麼的？」**他的職業就是他的身分**。約拿曾經逃避神交給他的工作、他的事業。但當約拿順服盡忠做好先知的工作，就使整個尼尼微城的人有機會悔改得救。末底改在波斯王宮中不忘猶太人的身分，不肯向高官哈曼跪拜，招致嫉妒誣陷。以斯帖用盡了自己作為王后職分內的能力，去改變哈曼要滅絕猶太人的計謀(斯三9，九3是指由管**事**〔**məlāʾḵāʰ**〕人經手、辦理主**事**〔**məlāʾḵāʰ**〕的人，亦指與王有關的「計劃、工程」，尤其建築工程)。本來是被哈曼誣陷的末底改，在神隱藏的拯救，偶然下被高昇，成為宰相，改變了猶太人在外邦的命運(斯十1～3)。隱藏的神，使尋求祂的人在工作上，得蒙保守拯救，甚至高昇。

箴言讚揚工作勤奮，貶抑不勞而獲之財，又用螞蟻的動作，表明勤勞積蓄，可以致富(箴十4，十二27，十三4、11，二十一5)、掌權(箴十二24)，總之「諸般勤勞，都有益處」(箴十四23)。相反，懶惰會招致貧窮缺乏(箴六6～11，十4，二十13，二十三21)、饑餓(箴十九15、24，二十4)。聘用懶惰的人，「如醋倒牙，如煙熏目」(箴十26)，「在**工作** (**məlāʾḵāh**) 上顯示自己懈怠的人，他是滅亡之主的兄弟」(箴十八9)。[10] 殷勤不懶惰，固然可以成為工作的重要態度，但箴言所指的其實並不局限在工作，而**更是生活為人的態度**。即使是殷勤工作，不義仍可把一切成果摧毀(箴十三11)。

總括來說，**məlāʾḵāh**包含廣泛的意思，從一般的「工作」到獨特的方面，以及延伸工作觀念如「手藝、製成的貨品、事業、使命」。特別的是在聖經其他地方，**məlāʾḵāh**沒有特別用在體力勞動方面，相反它經常暗示一項需要技巧的工作。雖然**məlāʾḵāh**作為「工作」的一般用詞包括體力勞動的觀念，但直至拉比時期，它才特別指體力勞動。這語意的發展自然源於字根「差遣」，而名詞的衍生詞會傾向表示非體力活動。由簡單到抽象的發展。不同的語意可能一早就存在。[11]

四 ʿāḇaḏ (修理、事奉)

1. 人的工作是甚麼？

最初上主按祂的形象創造人，「使他們**管理** (**rāḏāh**) 海裏的魚、空中的鳥、地上的牲畜，和全地，並地上所爬的一切昆蟲。」(創一26) 神賜福給被造的人，又對他們說：「要生養眾多，遍滿地面，**治理** (**kāḇaš**) 這地，也要**管理** (**rāḏāh**) 海裏的魚、空中的鳥，和地上各樣行動的活物。」(創一28)「管理」(**rāḏāh**) 有統治、管轄的意思，「治理」(**kāḇaš**) 有制服、統治的意思。[12] 神創造人的目的，是要他們生養眾多，遍滿地面，治理大地，也要管理各種各樣的受造物，這亦是人存在的意義。神將那人安置在伊甸園，使他**修理看守** (創二15)，這是人最初的工作，也是神命定他做的工作。「修理」(**ʿāḇaḏ**) 這詞意義非常豐富，有工作、服事、事奉的意思。[13] 上主創造天地之後，「野地還沒有草木，田間的菜蔬還沒有長起來；因為耶和華神還沒有降雨在地上，也沒有人**耕地**」(**ʿāḇaḏ**)(創二5)。「耕地」和「修理」都是同一個字**ʿāḇaḏ**，**ʿāḇaḏ**在舊約出現了一千零九十六次，主要意思是工作、耕地、勞動、服事人、事奉神。[14]

理查遜強調創造的工作只限於神，他認為聖經沒提及人的工作有創造性，或與神的工作有任何類比。[15] 但高登(Marc Kolden)分析路德(Martin Luther)認為人類的工作是與神的創造有關，神建立了整個創造秩序，而神透過父母創造新生命，人類是神的「同工」和創造的管家，照顧地球和其中的受造物。他認為工作與律法有關，要認識工作就不能忽略人的罪性。工作本身不是目的，工作是我們對神和對創造的部分責任。我們工作並非主要為自己，而是為了人類更大的福祉。工作必須配合神的秩序，這秩序是神所創造的，又是在社會和自然世界中保存下來的。[16] 從創造故事看來，人的確延續了創造的工作，人耕種田地使菜蔬和草木生長結果(創二5、15)。亞當和夏娃創造了新的人類生命，人被吩咐管理海陸空的受造物。人雖是受造物，但人亦延續了創造的工作和秩序，使一切成為美好。路德的這些看法是值得參考的。費芬(Terence E. Fretheim)亦相信創造的活動不是單向由神到受造物的，受造物亦牽涉在創造活動中。召命是相互的，人類和非人類都被呼召，為對方完成天職，為要繼續神創造的目的。[17]

2. 人工作是否為了餬口？

按照創世記一章29節和二章16節的記載，神將遍地上一切結種子的菜蔬和一切樹上所結有核的果子，全賜給人類作食物。對於走獸飛鳥及爬物，神賜青草作食物。神雖然指定了人的工作，但人最初工作不是為了得食物，**食物是神賜的**。工作是人存在的意義，在伊甸園耕種的工作是神看為美好的，但人違背了神的吩咐，吃了不可吃的分別善惡樹上的果子，神就對亞當(**ʾāḏām**，意思是人或人類)說：「地必為你的緣故受咒詛；你必終身勞苦才能從地裏得吃的。地必給你長出荊棘和蒺藜來；你也要吃田間的菜蔬。你必汗流滿面才得餬口，直到你歸了土，因為你是從土而出的。你本是塵土，仍要歸於塵土。」(創三17～19)耶和華神便打發人出伊甸園去，**耕種**(**ʿāḇaḏ**)他所自出之土(創三23)。人墮落後仍然要工作。或按字面說「工作」(**ʿāḇaḏ**)的意義沒有改變，但人要工作至汗流滿面才得餬口，這就是人受咒詛的結局。

3. 工作和敬拜、生活不可分割

第一個人亞當把第一份工作搞垮了之後，他的兒子亞伯是牧羊的，該隱是「**種地**」(**ʿāḇaḏ**)的(創四2)，這本來是神委派給亞當的工作，現在延續到第二代，成了維持生計的方式。從開始該隱就拿地裏的出產為供物獻給上主，亞伯也將他羊羣中頭生的和羊的脂油獻上(創四3～4)，**在工作中他們不忘敬拜，把他們工作的成果獻給上主**。聖經說上主看中了「亞伯」「和」他的供物，只是看不中「該隱」「和」他的供物(創四4～5)。該隱卻大大發怒，後來竟殺了他的兄弟亞伯，犯了歷史上第一宗謀殺案。上主給該隱的懲罰是「你**種**地(**ʿāḇaḏ**)，地不再給你效力；你必流離飄蕩在地上」(創四12)。聖經從來沒有說牧羊的工作比種地的工作優越，因為神最初分配亞當做的工作也是**種地**(ʿāḇaḏ)。**上主看重的，不是人的工作種類，而是這個「人」如何，和他「獻了甚麼」給神**。上主有祂絕對的主權悅納誰不悅納誰，**但你這個人如何**，罪是否伏在你的門前，你能否制伏罪，就是你的責任了。在工作中，維持與上主、與人良好的關係，是重要的訓誨。

4. 工作與事奉

罪的後果叫人受盡勞苦。雅各騙得長子名分，卻被岳父拉班欺騙，為所愛的妻子拉結「**服事**」(ʿāḇaḏ) 了拉班七年又七年，共十四年(創二十九15、18、20、25、27、30，三十一6、7、41)。以色列人在埃及**被迫作**(ʿāḇaḏ) 苦工(出一14)，上主聽見以色列人的哀聲，就打發摩西領以色列人出埃及，神說：「我必與你同在。你將百姓從埃及領出來之後，你們必在這山上**事奉**(ʿāḇaḏ) 我。」(出三12) 上主吩咐摩西對法老說：「以色列是我的兒子，我的長子。我對你說過：容我的兒子去，好**事奉**(ʿāḇaḏ) 我。你還是不肯容他去。」(出四22～23) 上主藉摩西向法老呼籲：「容我的百姓去，好在曠野**事奉**(ʿāḇaḏ) 我。」(出七16，八1、20，九1、13，十3) 人的工作由耕種田地轉到服事人，受勞役，但**上主重新再界定和分派人的工作，就是要事奉**(ʿāḇaḏ) 祂。對上主來說，領以色列人出埃及離開為奴之地尚為小事，祂要藉十災和過紅海的神蹟奇事叫人知道祂是天下的主(出八22)，祂要使祂的名傳遍天下(出九16)，叫人知道全地都是屬上主的(出九29)。**出埃及只是一個過程或處境，以色列人更重要的工作或職分就是要事奉**(ʿāḇaḏ) **上主**。十誡的第二誡就清楚指出，與神立約的子民不可為自己雕刻偶像，「不可跪拜那些像，也不可**事奉**(ʿāḇaḏ)

它，因為我耶和華你的神是忌邪的神」(出二十5)。第四誡要記念安息日，守為聖日，「六日要**勞碌** (ʿāḇaḏ) 作你一切的工」(出二十9，申五13)，第七日的重點不在不作工，而在記念安息日，記念神創造之工完成。以色列人最重要的工作或職分，就是要**事奉** (ʿāḇaḏ) 上主，不再事奉偶像別神。「你們要**事奉** (ʿāḇaḏ) 耶和華你們的神，他必賜福與你的糧與你的水，也必從你們中間除去疾病。」(出二十三25) 人工作是否為了糧水餬口？明顯當以色列人出到曠野去事奉神，他們雖然常常埋怨，卻從不缺糧缺水，鞋也沒有破，上主的供應從未間斷。

上主要求人做甚麼呢？「以色列啊，現在耶和華你神向你所要的是甚麼呢？只要你敬畏耶和華你的神，遵行他的道，愛他，盡心盡性**事奉** (ʿāḇaḏ) 他，遵守他的誡命律例，就是我今日所吩咐你的，為要叫你得福。」(申十12～13)「你們若留意聽從我今日所吩咐的誡命，愛耶和華你們的神，盡心盡性**事奉** (ʿāḇaḏ) 他，他必按時降秋雨春雨在你們的地上，使你們可以收藏五穀、新酒、和油，也必使你吃得飽足，並使田野為你的牲畜長草。」(申十一13～15) 惟願每一位正在為工作奔波勞碌、為生計餬口而受盡勞役的神的子民，重新思想神這個應許，並靠著主有約書亞和百姓的勇氣和決心，重新調整工作和生命的目標。**工作本身就是事奉，問題是事奉的對象是誰**：「我們必**事奉** (ʿāḇaḏ) 耶和華我們的神，聽從他的話。」(書二十四15、18、21、24)

五 šāmar（看守、遵守）

1. 人最初的工作：看守伊甸園

šāmar在舊約出現四百七十八次，有五方面的意思：(1)

保管、守衛、防衛、看管、監察。(2) 保留、保守、限制在某範圍內。(3) 守節期、慶祝、守安息日、守其他義務如守約、遵守 (如謹慎、公義、仁慈、智慧的引導)。(4) 保持、維持、保護、特指守約。(5) 守收割期的節日。[18] 人類在伊甸園的第一份工作除了「修理」(**ʿāḇaḏ**)，還有「看守」(šāmar) 伊甸園 (創二15)，做護衛員。伊甸園中生命樹的果子和各樣樹上的果子，除了分別善惡樹上的果子，都是可以讓人吃的。但人連自己也看守不了，人犯罪墮落之後，被逐出伊甸園，工作丟了，生命樹的果子沒得吃了，上主更在伊甸園的東邊安設基路伯，和四面轉動發火焰的劍，要**把守** (šāmar) 生命樹的道路。有了這高度設防的保安機制和防衛措施，二十四小時「看守」生命樹的道路，人不可能再走回頭路偷生命樹的果子吃了。

該隱因神看不中他的供物而發怒，上主提醒該隱，罪已經伏在該隱的門前，該隱沒有制伏罪，把兄弟亞伯打了、殺死了。上主對該隱說：「你兄弟亞伯在哪裏？」坦白從寬，似乎該隱若承認過失還有路走。但他說：「我不知道！我豈是**看守** (šāmar) 我兄弟的嗎？」(創四9) 雖然該隱好像沒有責任看守他的弟兄，但殺了人還要嘴硬，明顯這是人類第二次不遵守神的吩咐，偏行己路，自招滅亡，實在該死。

2.「看守」變成「遵守」(šāmar)

但上主仍然對人不離不棄，祂與亞伯拉罕立約：「我要與你並你世世代代的後裔堅立我的約，作永遠的約，是要作你和你後裔的神。我要將你現在寄居的地，就是迦南全地，賜給你和你的後裔，永遠為業，我也必作他們的神。」神又對亞伯拉罕說：「你和你的後裔，必世世代代**遵守** (šāmar) 我的約。你們所有的男子都要受割禮；這就是我與你並你的後裔所立的約，是你們所當**遵守**(šāmar)的。」(創十七9、10)上主眷顧亞伯拉罕，「為要叫他吩咐他的眾子和他的眷屬**遵守**(šāmar)我的道，秉公行義，使我所應許亞伯拉罕的話都成就了」(創十八19)。上主和以色列人簽的這份合約，所批出的土地是永遠的，沒有年期限制的。人要得到這一切祝福，並不需要做苦工或捱更抵夜，人要做的就只有**遵守**(šāmar)這約、**遵守**(šāmar)神的誡命，正如西乃山的第二誡：「愛我、**守**(šāmar)我誡命的，我必向他們發慈愛，直到千代。」(出二十6)**守**(šāmar)安息日的誡命是上主更具體的吩咐(出三十一14、16；申五12；利十九3、30，二十六2)，叫人記念上主的創造已經完滿，人和一切奴僕牲畜都要歇了一切的工。

從摩西到約書亞至歷世歷代的先知，都不斷呼天喚地作見證，將生死禍福陳明在神的子民面前，要他們揀選生命：「你若聽從耶和華你神的話，**謹守**(šāmar)這律法書上所寫的誡命律例，又盡心盡性歸向耶和華你的神，他必使你手裏所辦的一切事，並你身所生的，牲畜所下的，地土所產的都綽綽有餘；因為耶和華必再喜悅你，降福與你，像從前喜悅你列祖一樣。」(申三十9～10；參三十15～16、19～20)人最初的工作是**看守**(šāmar)伊甸園，現在上主重新吩咐人最重要的工作和職責，就是要**謹守、遵守**(šāmar)祂的誡命律例典章，兩份工作若不能完成，後果是清晰而嚴重的，若人能履行這工作的要求，祝福是無限的，一切結果完全在乎人的選擇。

3. 遵行誡命蒙上主賜福

上主與亞伯拉罕立永遠的約，使他的後裔多如繁星海沙，又賜迦南地給他的後裔永遠為業，「都因亞伯拉罕聽從我的話，**遵守**(šāmar)我的吩咐和我的命令、律例、法度」(創二十六5)。上主囑咐所羅門：「你若效法你父親大衛，遵行我的道，**謹守**(šāmar)我的律例、誡命，我必使你長壽」(王上三14)。因著所羅門向神求智慧治理眾民，上主就賜他極大的智慧聰明，和廣大的心(王上四29)。希西家王「專靠耶和華，總不離開，**謹守**(šāmar)耶和華所吩咐摩西的誡命。耶和華與他同在，他無論往何處去盡都亨通」(王下十八6～7)。上主一夜之間在亞述營中殺了十八萬五千人，救希西家和百姓脫離亞述王和仇敵的手，又叫希西家的重病痊癒(王下十八～二十二章)。約西亞王重修聖殿、清除偶像，又召聚全國百姓，「在耶和華面前立約，要盡心盡性的順從耶和華，**遵守**(šāmar)他的誡命、法度、律例，成就這書上所記的約言。眾民都服從這約」(王下二十三3)。申命記的應許，在這些有血有肉的人的生命歷程上，都顯明出來了：「我今日將他的律例誡命曉諭你，你要**遵守**(šāmar)，使你和你的子孫可以得福，並使你的日子在耶和華你神所賜的地上得以長久。」(申四40)

4. 不遵守誡命律例使神揀選的職分不保

掃羅本來蒙神揀選作以色列第一位君王，但因他私自獻祭、不滅絕亞瑪力人，甚至找女巫招魂，多次厭棄上主的命令，使上主厭棄他作王。撒母耳對掃羅說：「你做了糊塗事了，沒有**遵守**(šāmar)耶和華你神所吩咐你的命令。若遵守，耶和華必在以色列中堅立你的王位，直到永遠。現在你的王位必不長久。耶和華已經尋著一個合他心意的人，立他作百姓的君，因為你沒有**遵守**(šāmar)耶和華所吩咐你的。」(撒上十三13～14）老先知「違背耶和華的話，不**遵守**（šāmar）耶和華你神的命令」，在耶和華禁止他吃飯喝水的地方吃了喝了，終被獅子咬死，屍身倒在路旁（王上十三21～24）。所羅門王蒙神賜智慧聰明，但年老時一千妃嬪誘惑他的心，去隨從別神，行上主眼中看為惡的事，惹上主發怒，至終導致王國分裂，國運衰落。「耶和華曾吩咐他不可隨從別神，他卻沒有**遵守**（šāmar）耶和華所吩咐的。所以耶和華對他說：『你既行了這事，不**遵守**（šāmar）我所吩咐你守的約和律例，我必將你的國奪回，賜給你的臣子。』」（王上十一10～11）由於亞哈家行惡敗壞，上主吩咐以利亞膏耶戶作以色列王（王上十九16），耶戶殺亞哈全家，滅巴力，「只是耶戶不盡心**遵守**（šāmar）耶和華以色列神的律法，不離開耶羅波安使以色列人陷在罪裏的那罪」（王下十31），使上主藉哈薛攻擊以色列的境界，耶戶的子孫亦不能長久繼位。北國以色列所有的王都行上主眼中看為惡的事，以致亡國；南國猶大諸王多不肯聽先知呼籲，亦亡國被擄收場。不論君王、祭司、先知，或平民百姓，作神的子民都不能不聽由摩西至歷代先知不斷的忠告。不遵守誡命而受咒詛的結局，無一倖免，縱然曾經是神揀選賜福的天之驕子，亦要為自己一手造成的罪孽嘗盡苦果。

六 maᶜăśeʰ（工作、作為）

1. 工作與安息

maᶜăśeʰ在舊約出現過二百三十五次，意思是工作、手所造的、作為。這詞可指人所做的作為，例如邪惡行為如拜偶像，或正直公義的行為，作為審判的基礎。這詞另一方面的意思是工作、勞力，尤其在埃及強迫的勞動，亦可指事業、成就。這詞第三方面的意思是人手所造的，如手工藝等，亦可指神所造的，如創造天地萬物。[19] 安息日條例中指明：「六日你要做工 (**maᶜăśeʰ**) ，第七日要安息，使牛、驢可以歇息，並使你婢女的兒子和寄居的都可以舒暢。」(出二十三12) 聖經清楚指明工作 (**maᶜăśeʰ**) 是人的職分，是生活中大部分時間 (六日) 應盡力的，但工作亦有界限，不可能令人做到盡、做到殘，像搾汁機把人的生命精神心力搾乾搾淨。「第七日要安息」是清楚的規定，這天要定為聖日敬拜神，更要令人和僕婢牲畜都可以歇息，可以舒暢。因此，有些人工作七天不休息、或不准外傭休息，除了違反勞工處的僱傭條例，更違反了聖經的規定。羅賓遜 (Gnana Robinson) 指出「安息」的意義是使一項獨特的工作停止，因此是「克制自己不去工作」或是「停止」工作，而第七日是完成和完全的日子，第七日將先前六日的工作帶進完成、完全的地步。[20] 赫素爾 (Gerhard F. Hasel) 指出在安息日不應有任何商業活動，在休息的觀念中，社會人民方面的活動是有的，而道德方面就是透過制止商業活動，而控制貪婪和貪心。[21] 現代人生活繁忙，就是家庭主婦、學生、長者，他們沒有「受薪」的「工作」或「職業」，但他們要處理的日常生活的活動、家務學業等「工作」，也相當繁重，仍需要有安息日的停止、歇息，分別為聖敬拜主。當然安息日是否必然是星期日，或是安息日是否該從星期五黃昏至星期六黃昏，或者安息日和勞工條例中「休息日」有何關係，都是另一些值得討論的問題。

2. 工作與職業

約瑟的兄弟到了法老的皇宮，法老問他們說：「你們以何**事**為**業**？(**maᶜăśeʰ**)」(創四十七3，參四十六33) 約瑟原本想避重就輕，提醒兄弟們答是「養牲畜為業」，「因為凡牧羊的都被埃及人所厭惡。」(創四十六34) 但兄弟們卻如實地回答法老：「你僕人是牧羊的，連我們的祖宗也是牧羊的。」(創四十七3) 他們的誠實沒有招來拒絕，法老准許他們住在歌珊地。其實由亞伯到雅各的眾子，直到大衛，都是牧羊的，掃羅也用公牛犁田 (撒上十一5)。他們的工作就是他們的職業，亦是辨認身分、階級的指標。

3. 神手所造的和人手所造的

以色列人有許多巧匠，用精巧的**手工**繡花、做銅**網**、有刻寶石的**手工**、編織的**手工**、和各種巧匠的**手工**，都是指**maᶜăśeʰ**，一同建造會幕 (參出二十四10，二十六1、31、36，二十八～三十九章)。聖經作者讚歎神的手所造的天地宇宙：「你指頭**所造的** (**maᶜăśeʰ**) 天」(詩八3)、「穹蒼傳揚他的**手段** (**maᶜăśeʰ**)」(詩十九1)，「你的**作為** (**maᶜăśeʰ**) 何等可畏」(詩六十六3)，「你的**作為** (**maᶜăśeʰ**) 奇妙」(詩一三九14)，上主竟然派遣人「管理你手**所造的** (**maᶜăśeʰ**)」(詩八6)，因此詩人說：「你們一切被他**造的** (**maᶜăśeʰ**)，在他所治理的各處，都要稱頌耶和華！我的心哪，你要稱頌耶和華！」(詩一O三22) 既了解人是神手中所作的被造物，人就更應稱頌那造他的，單單敬拜祂。但人卻用巧工用自己的手製造偶像：「他們的地滿了偶像；他們跪拜自己手**所造的** (**maᶜăśeʰ**)，就是自己指頭所作的。」(賽二8)「至於這民的一切惡，就是離棄我、向別神燒香，跪拜自己手**所造的** (**maᶜăśeʰ**)，我要發出我的判語，攻擊他們。」(耶一16)

以賽亞書描述上主的審判臨到，地動山搖，人都驚惶失措，「各人都幫助鄰舍，對他的弟兄說：『要**堅強**！』工匠**堅固**煉金的，那用鎚磨光的**堅固**那錘打鐵砧的，焊工說：『這個(偶像)非常好！』他用釘**鞏固**它(偶像)，免得動搖。」(賽四十一6～7)[22] 其中「堅強」、「堅固」和「鞏固」，原文都是同一個字**ḥāzaq**。這裏描述鑄造偶像的人彼此鼓勵、堅固，又同心合意鞏固被造的偶像，一方面暗示偶像的無能和不穩固，另一方面對比上主不住的應許要「堅固」(**ḥāzaq**)以色列祂的僕人，是極大的諷刺。他們用專業盡心竭力地工作，但上主說：「看哪！他們都是無有，他們的工作(**maᶜăśeʰ**)是虛無。他們鑄造的偶像都是風，都是虛空。」(賽四十一29)[23] 聖經從無貶低專業和技術本身的價值和貢獻，但我們必須問：**我用這專業和技術工作，要達到的最終目的是甚麼呢？我最終尋求的、依靠的是甚麼呢？我這工作的最終意義是甚麼呢？對人和社會有甚麼貢獻呢？**

4. 人的行為

假若以色列人像尼尼微城的人和牲畜一樣，披麻蒙灰，切切求告神，各人回頭離開所行的惡道，丟棄手中的強暴，「……神察看他們的**行為**(**maᶜăśeʰ**)，見他們離開惡道，他就後悔，不把所說的災禍降與他們了」(拿三10)。人還有回轉的機會。耶戶「行耶和華眼中看為惡的一切事，以他手**所作的**(**maᶜăśeʰ**)惹耶和華發怒」(王上十六7)。希西家「行耶和華他神眼中看為善為正為忠的事。凡他**所行的**(**maᶜăśeʰ**)，無論是辦神殿的事，是遵律法守誡命，是尋求他的神，都是盡心去行，無不亨通」(代下三十一20～21)。同樣是君王，但人的行為卻決定了自己和家國的命運。以色列民「守暗利的惡規，行亞哈家一切**所行的**（**maʿăśeh**），順從他們的計謀」（彌六16），死不悔改，以致被神趕逐離開應許之地，國破家亡，四處飄泊流亡，結局悲慘。人所造的，人所行的，是甚麼呢？為何會招致滅亡呢？人的工作和行為有何關係呢？實在值得神的子民再三反省。**神的子民不論作何工作、作何職業，他的首要身分都是神的子民。不論百姓作何工作、作何職業，神對子民的要求只有一個，就是遵行祂的誡命律例典章，以公平公義行事為人。**人要做的是甚麼呢？注意彌迦先知對所有神的子民的忠告：「世人哪，耶和華已指示你何為善（ṭôḇ）[24]，他向你要的是甚麼呢？**只要你行**（**ʿāśāh**）**公義，好憐憫，存謙卑的心，與你的神同行。**」（彌六8）

七 ʿāmāl（勞碌）

1. 工作和人生的虛空

申典歷史的公式是遵行誡命律例者得福長壽，悖逆不守聖約者必遭咒詛。但傳道書對工作、對人生卻有截然不同的體會。傳道書有三十五次論及**ʿāmāl**（「勞碌」、「勞苦」），佔這個字在舊約出現的次數（七十六次）超過一半。**ʿāmāl**的意思是煩惱（個人的苦難）、困苦（加諸在別人身上的）及勞碌（特別指勞碌工作的果效）。[25] 傳道者以鳥瞰方式觀察在日光之下的人生百態，他花盡心力要尋找甚麼是「好」（**ṭôḇ**）（傳二3），要問人在太陽之下的勞碌（**ʿāmāl**）到底有甚麼益處、到底賺到甚麼呢（傳一3，三9，五15）？他增加工作（**maʿăśeh**），為自己建造房屋葡萄園，又建花園水池栽種林木，買男女僕婢牲畜牛羊，搜羅金銀財寶歌手妃嬪，強過一切在耶路撒冷的人，但他最終發覺「一切都是虛空和捕風」，人一切的勞碌（ʿāmāl）「在太陽之下沒有益處」（傳一14，二11、17，十二8）。人的勞碌得到甚麼呢？工作是愁煩，即使在晚上他的心也不得安歇，這也是虛空（傳二22～23）。一切勞碌和工作的成就，就是人被同伴嫉妒，這也是虛空捕風（傳四4）。一個人無子無兄弟，一切勞碌沒有窮盡，財富不能滿足他的眼睛，他勞碌不知道是為了誰，這也是虛空（傳四8）。

2. 工作的果效不由人控制

傳道者指出他在太陽之下勞碌（ʿāmāl）的結果，必須留給在他以後來的人，不知道這個人會有智慧還是愚昧，但他要掌管一切傳道者所勞碌的結果，這也是虛空（傳二19）。一個人用智慧和知識所勞碌得來的，卻要把這給一個沒有為此勞碌的人成為他的分，這也是虛空（傳二21）。[26] 更重要的是，人有死亡的限制，人從母親的子宮而來，他再次要赤身回去，像他來的時候一樣，他從勞碌中得不到甚麼，在他手中也不能帶走甚麼。他為風勞碌，有甚麼益處呢（傳五14～15）？傳道者又看見「在公義之處有奸惡」（傳三16），義人在義中死亡，惡人行惡卻得享長壽（傳七15），雖然傳道者仍然相信神的審判有定時（傳三17），但「善有善報、惡有惡報」的公式在現實世界實在不是絕對，多勞不一定會多得，一分耕耘不一定會有一分收穫。因為禍患、死亡都會忽然臨到，無人知道一切的時候日期。

3. 把握機會盡力去作

雖然人不能知道神做一切的作為，也不能控制勞碌的成敗，但**傳道者並無消極放棄，而是鼓勵人積極努力，把握最多的機會去工作，尋求最大的回報**，這才真正看透世情：「看守著風的不會撒種，觀看著雲的不會收割」（傳十一4），因此「在早晨你要撒你的種，在晚上你也不要歇你的手，因為你不知道那一樣會發旺，這個或是那個，或是兩個都一樣會好」（傳十一6）。一切你手找到要作的，你要盡力去作，因為在你將要去的那裏是陰間，沒有工作、或思想、或知識、或智慧。職業無分貴賤，人實在應該盡力工作，盡好自己的本分，不要埋怨，在小事上忠心，才能承擔大事，才能對社會有貢獻，對得起創造他的主。

4. 從勞碌中看見美好

傳道者從來沒有否定人世間的勞碌，只是他看透了人生的虛空，叫人接受生命和死亡的限制，知道智慧人和愚昧人都要遭受死亡的同一命運（傳二14～16），人和獸的同一命運就是死亡（傳三19），人亦不能知道他死了以後的事（傳三22），一切來自塵土亦歸回塵土（傳三20）。傳道者的出路是叫人在勞碌中看見美好：「沒有更好的，比起人去吃喝，使他的靈魂看見他的勞碌的好，我看這也是出於神的手。」（傳二24）傳道者相信：「沒有一件事是更好的，就是在他們有生命時歡樂和做美好的事，並且所有人都要吃喝，又在他一切勞碌中看見美好，這就是神的禮物。」（傳三12～13）傳道者認定神所賜生命的日子是人的分，應好好珍惜享受，並在勞碌中歡樂，從勞碌中看見美好（傳五17～19，八15，九7～9，十一8～10）。傳道者雖完全覺察人死亡的限制，但他欣賞生命，享受生命，因為人至終會歸回他生命的主。傳道者最後仍然如其他聖經作者一樣，呼籲人敬畏神，遵守祂的誡命，因為這就是人的一切。

八 結語

在舊約聖經中工作離不開生活，職業亦不能與神子民的身分分割，工作態度的重點在生活態度，敬畏神遠離罪惡，職分亦須以作神子民的身分為先，遵守誡命律例典章，行公義好憐憫存謙卑的心與神同行，神應許必有祝福與同在。但聖經亦表達一種重要的、看透人生的洞見，在虛空人生中、從勞碌中看見美好，享受神所賜生命日子，就是他的分，能作的，盡力去作，人生應要盡情歡樂不是因為明天要死了，而是因為神已經悦納了你的作為。在殘酷的死亡臨到以先，應珍惜人有生命的日子，盡力工作，吃喝快樂，建立自己，建立家庭，建立人類共同的社會。

縮寫表

ABD	*Anchor Bible Dictionary*
BDB	*Brown-Driver-Briggs, A Hebrew and English Lexicon of the Old Testament*
TDOT	*Theological Dictionary of the Old Testament*
HARLOT	*The Hebrew and Aramaic Lexicon of the Old Testament*

註釋：

1 參 Alan Richardson, *The Biblical Doctrine of Work* (London: SCM Press, 1954), 9；中文譯本參理查遜著：《工作的意義》(台北：三一，1976)。

2 參 Richardson, *The Biblical Doctrine of Work*, 9。

3 參 Richardson, *The Biblical Doctrine of Work*, 13。

4 參 George V. Wigram, *The New Englishman's Hebrew Concordance* (Peabody, MA.: Hendrikson Publishers Inc., 1984), 705～706。

5 參 Jacob Neusner, *The Mishnah: a New Translation* (New Haven: Yale University Press, 1988), 187～188。

6 參 *TDOT* VIII: 325～330。

7 參 J. A. Thompson, *Handbook of Life in Bible Times* (Leicester: InterVarsity Press, 1986), 177。其中提到聖經世界中的各行各業，紡織漂染及金屬工作如煉金、打鐵、製銅等技術尤其發展成熟，分工細緻。

8 參 Marc Kolden, "Work and Meaning: Some Theological Reflections", *Interpretation*, 48 (July 1994), 262。

9 參 *TDOT* VIII: 325～330。

10 本節為筆者翻譯。

11 參 *TDOT* VIII: 325～330。

12 參 *BDB*, 921b, 922a.，另參 BibleWorks 及 *HARLOT* CD-ROM。

13 參 *BDB*, 712～713。

14 參 *BDB*, 712～713。

15 參 Richardson, *The Biblical Doctrine of Work*, 13。

16 參 Kolden, "Work and Meaning: Some Theological Reflections", *Interpretation*, 263～265。

17 參 Terence E. Fretheim, *God and World in the Old Testament: a Relational Theology of Creation* (Nashville: Abingdon Press, 2005), 273。

18 參 *BDB*, 1036～1037。

19 參 *BDB*, 795～796。

20 參 Gnana Robinson, "The Idea of Rest in the Old Testament and the Search for the Basic Character of Sabbath", *Zeitschrift für die alttestamentliche Wissenschaft*, 92 no. 1 (1980), 38～39。

21 參 *ABD* V: 851。

22 這兩節為筆者的翻譯。

23 本節為筆者的翻譯。

24 原文是「好」，神創造天地萬物之後，看一切都是「好」的。

25 參 *BDB*, 765。

26 本節和下列傳道書的經文為筆者的翻譯。

2 新約的工作觀

褚永華

聖經中所用「工作」一字的定義非常廣泛，由上帝在創造中所作的一切行動，農夫撒種收割莊稼，漁夫撒網捕魚，到奴隸服侍主人等，皆可囊括在內。換言之，要為工作作一界說，若不是過度寬泛而無所不包，就是落入過度狹隘而樣樣事物皆在拒絕之列的困惑中。界說過寬者如「工作為體力的投放」是過於空泛的，至於界說過狹隘者如「工作為以金錢報酬而投放精力」，則將上帝創造世界的工作抹殺得一乾二淨，而陷入定義不完整的情況。這顯示了為工作一字定義的困難。再者，從現代的工業、資訊、金融等為主導的社會中，為金錢報酬而工作也是合理的，但這種為金錢而工作的工作定義，排除了退休人士為回饋社會、為尋求人生意義、為服務人羣、為服侍家人親友的無償的義務工作。概言之，工作一字的界說難求，乃是不爭的事實。

聖經中有關工作一字的解釋並不從定義開始，相反地，聖經的作者們只著意描述誰在工作，而不刻意深入地解說工作的實質內容和工作態度。比方說，耶穌是一個木匠（可四3），但對耶穌身為木匠的工作內容、工作態度卻隻字不提。因此，將工作一字從傳統字義研究角度來探討的話，所得的結果並沒有甚麼獨特之處，不過卻可提供新約工作觀的一幅鳥瞰圖，從而可知其整體涵括性的意義。這意義大概可分兩大項：[1]一是神在創造世界之時所作的一切，特別在創世記第一、二章中所記載的，包括萬物的被造、人按神的形象被造等。同時，我們不可忽略神完成了創造之工後，祂在其所創造的世界中仍然工作，祂在個人生命中、世人中、歷史中等處境內也不停工作。二是人類的工作，即全人類所作的一切工作，就如伯利恆野地裏的牧羊人按著更次看守羊羣是工作，本丟彼拉多審理耶穌是工作，彼得經歷夜裏捕魚沒有任何漁獲也是工作。

本文的目的，只是以討論新約經文中所呈現有關人類工作的情況為主，加以分析和綜合，全文純以描述性為主導。

一 在新約中人類的工作是祝福或是咒詛？

當悲劇在伊甸園中發生後，耶和華上帝在園中呼叫亞當，而赤身露體的亞當則面對上帝的審判和宣判：

> 耶和華神對蛇說：你既做了這事，就必**受咒詛**。（創三14）
>
> 又對亞當說：你既聽從妻子的話……地必為你的緣故受咒詛……（創三17）

由這兩處經文可知，蛇和地因人的犯罪而受咒詛，但女人的生產之苦（創三16），男人的終身勞苦並不是咒詛，而是將上帝原先給他們的角色擾亂了的結果。[2] 亞當原先的工作是「修理看守」（創二15），而現在地卻生滿荊棘蒺藜，使工作加倍辛苦，要汗流滿面才得糊口（創三19）；夏娃原先是「配偶幫助」（創二18），也是一位生兒育女的母親（創二23～24），而現在則要受懷胎的苦楚，生產兒女的苦楚（創三16a），後來更要承受親生兒子之間的流血死亡的悲痛（創四8～15）。再者，夏娃也由配偶、幫助者，淪為「戀慕者」和「被管轄者」（參創三16b）。

由此可見，男人和女人皆沒有被咒詛，只是與他們相配合，使工作暢順的景況卻改變了。男人依然工作，但地被咒詛使男人加倍勞苦；女人依舊生兒育女，卻要承受懷胎生產的苦楚。從創世記開始，工作並不是上帝對犯罪者的刑罰和咒詛。「其實，剛好相反，聖經是要強調上帝為人類而設立工作的旨意是完全與罪無關。工作的命令……是善意而於人有益的，而人類可以，而且必須在其中獲取幸福……工作之所以有，不是人類犯罪的結果，而是上帝創造世界及人類的原來意旨的一部份。」[3]

在舊約中，上帝是一位工作的上帝，經文中也用不同的隱喻來描述這位作工的上帝，祂是一位建築者（箴八27～31）、教師（太七28～29）、金（？）屬製品者（賽一24～26）、牧羊人（詩二十三1～4）等。這些隱喻雖然數量有限，但上帝之工與人類之工之間的相似性，卻是非常清楚的。[4] 倘若連上帝也是一位工作者，耶穌是木匠，彼得是漁夫，那麼人類的工作也應被視為「生活中必要，和上帝賦給人的使命。工作是人類生活的一種神聖規律。」[5]這顯示，工作並不是咒詛，而是上帝對人的旨意，給予人的祝福。

相對之下，希臘神話中的神明的殘酷性當然不在話下，夫妻兄弟互相殘殺的記載，從許多希臘神話故事中可見一班，其中當然也可顯出當時文化對神、對工作的看法。以下這一則神話，可顯示工作乃咒詛的看法。「薛西弗斯（Sisyphus）是古希臘神話中的一個皇帝，絕頂聰明，且屢屢欺騙奧林匹克諸神，甚至死也被他愚弄。為此，諸神要懲罰他，要他把一塊圓石推到山上，安放在山巔。當他辛苦地把石頭推到了山頂，一放開手，石頭又滾回山腳。薛西弗斯又得重新再推，他的時間、精力，甚至整個生命，就耗費在這勞而無功的工作上。」[6]

在新舊約中，我們並沒有觀察到類似的記載和經文，在福音書的敍述中，我們也找不到類似的故事來表明上帝以工作為懲罰加諸世人的身上，使人痛苦地、無目的地消耗精力。相反地，聖經中所呈現的卻是：上帝是一位工作的上帝，工作是上帝的賞賜和祝福，工作雖然辛苦，但卻是滿有目的。

聖經中提到的工作種類繁多，各行職業也不少，但卻從來沒有如猶太拉比文學中所倡議的所謂被鄙視的行業。在新約時代，猶太人或許會因種族及血統純潔與否導致社會地位高下的差異，但這些不是惟一的因素，因為從事被鄙視行業也是其中一個導致社會地位低下的原因。根據不同的資料，耶利米亞整理出四張清單，[7]除了兩個重覆的之外，合共有二十六個被鄙視及被厭惡的行業：趕驢匠、趕駱駝匠、水手、趕車匠、牧人、店主、醫生、屠夫、收糞者、銅器匠、硝皮匠、金器匠、梳麻工匠、清洗碾磨機的工匠、流通販、織布匠、理髮匠、洗熨工、放血(醫學上)的技師、浴室服務員、賭骰子者、放高利貸者、訓練鴿子的人、在安息年統營農產品的商人、稅史，[8]這些職業由於涉及不誠實、貪心等不同原因，而為猶太人所拒絕。當然，拉比也提出不同的理由，或例外的情況來解說，若不然，那裏還有正當合理且誠實的職業供人選擇呢？

在新約中，我們沒有接觸過如此清單，提到某些行業受鄙視，或具有厭惡性。所有的工作，除了那些不道德、涉及犯罪的工作以外，都是可以投身、可以榮耀上帝的。

二 主人與奴僕（kyrios - doulos）

主人和奴僕這個主題，在新約中可以說是很清楚也較詳細地討論的，也正是在討論這個主題的過程中，新約對於日常各行工作的態度也具體展示出來。[9]其實，具體的解釋和演繹都包含在所謂的「家庭規範」(Household Code)中。[10]「家庭規範」特別涉及主人和僕人關係的，則主要出現在下列經文中：歌羅西書三章22節至四章1節；以弗所書六章5至9節；提摩太前書六章1至2節；提多書二章9至10節；彼得前書二章18至25節。這些經文教導在信徒羣體中身為主人和僕人的相處之道，特別是基督徒奴僕應如何工作、服待主人的態度。

奴隸制度在希羅世界中是受法律保障的合法制度，[11]但其不人道處，卻又常遭當時的哲人們強烈批評。雖然如此，這制度卻又沒有遭到強烈要求以不惜任何代價來推翻的命運。[12]可能這制度已深入人民的日常生活作息之中，生活中絕大部份的工作都假手於奴隸來完成。[13]又由於戰爭連綿，故此奴隸數目大增，致使奴隸價值下降，價格相宜。當羅馬帝國漸趨穩定時，戰爭雖然減少，但因奴隸數目的基數太大，儘管奴隸減少了，而且由於匪盜橫行，本地人士也因被劫而賣入奴隸市場，故此奴隸數字依然龐大。曾有些學者估計，奴隸人數已佔整個羅馬城公民人口的五分之一，元老院建議過可否讓奴隸穿制服以資識別。但終因恐怕穿制服奴隸知道自己數目龐大，易生亂子而被否決。[14] 奴隸的來源，除來自戰爭和海盜掠奪之外，也包括土匪搶劫、古代世界的棄嬰、出賣孩童或自己清還債項、被法院裁定為奴、身為奴隸母親的後裔等。[15] 由於奴隸之深入人民生活作息及數目龐大，致使奴隸成為古代世界中難以根絕的制度。

奴隸制度雖有法律的保障，但奴隸本身卻被視為物件，是主人的財物。亞里斯多德(Aristotle)認為，奴隸只是一件可以活動卻沒有生命的工具，至於如何用這件活動的工具，則完全取決於他的主人。奴隸的工作很多樣化，雖然說辛苦，但也應工作環境不同而有很大差異。例如，在家庭中的奴僕總比在礦場中工作的奴隸來得較為舒適，作教師、作管家、作政府行政人員的，[16] 又總比在農場作苦工的來得較輕鬆，當然也比上戰場作戰士及充軍的軍旅生涯來得較安全。[17]

奴隸待遇或許不同，但要求於他／她的，總是要他／她忠心工作，服侍主人，例如「你們作僕人的，要凡事聽從你們肉身的主人，不要只在眼前事奉，像是討人喜歡的，總要存心誠實敬畏主。無論做甚麼，都要從心裏做，像是給主做的，不是給人做的」(西三22～23)。由新約經文顯示，一方面主人要公平地善待僕人，同時也強調基督徒奴僕應有的服侍心態，奴僕要忠心服侍主人，像是為主作的一般。但這種主人與奴隸間的關係是否過度天真，而與當時對奴隸的大環境很不一致呢？茲舉下列一些事例來說明其衝突：

公元六十一年，羅馬城發生了一場勞工階層發動的暴亂，當時羅馬城的行政長官西官都 (Pedanius Secundus) 被亂民所殺，他擁有四百個奴隸，當時的法例規定，若奴隸不能保護主人而令主人遭難，那麼奴隸們則要承擔主人被殺的罪行而被判死刑。許多元老院的議員們都認為這條律例應以寬鬆處理，但一些立場強硬的議員們則堅持執行該法例，最終四百個奴隸無一倖免地被處以死刑。[18] 這種對奴隸極之不公的殘酷法例，無疑是對主人與奴隸和平相處的祥和氣氛，加上了一層霜雪，使奴隸忠心服待主人的心態蒙上陰影。

相反地，不少文獻記載了奴隸獲得釋放，甚至主人善待奴隸。例如有一個女奴，主人因為她生了三個孩子而免除她工作，甚至答允若她再生孩子的話，則會釋放她為自由人，不再為奴。[19] 在公元第一世紀甚至第二世紀，不少更合人道的法例被編寫及納入法典。例如，革老丟 (Claudius) 立例被奴主摒棄的奴隸，可按法律被釋放為自由人；尼祿 (Nero) 下令各城的長官必須聆聽奴隸們的申訴；多米田 (Domitian) 在公元八十三年禁止閹割奴隸等。[20] 這些對奴隸較為人道及善意的做法，提供我們在新約中對基督徒奴隸忠心服待主人的指引的一種合理期望。

總言之，奴隸制度下的工作狀況雖然有許多不完滿之處，有其人道及不人道的地方，但保羅對基督徒奴隸服待主人的指引，是奴隸本人因著信仰基督而成一個自由的人，這種在上帝恩典中的自由，提供了基督徒奴隸一個新思維。雖然他由於肉身上要作奴隸而受限制，但卻能以一個自由的心，憑藉上帝恩典來服待肉身的主人，而且像是服待上帝一樣。[21] 這些在家庭規範中的規章，總結了早期教會中信徒奴僕的行事規範：

1. 他們要負責及服從，尊敬主人。
2. 他們必須以身作則，以忠心的服務來表彰基督教的真理，表面上一切是為主人而作，實際上是服務基督。
3. 無論是否得報酬，他們都要勤懇工作。
4. 面對苛刻和不公的待遇，一定要用溫柔忍耐的心態來對待追隨基督的模範。
5. 基督徒主人一定要以公平仁慈來對待自己的奴僕。[22]

在這些工作規條中，以忍受苛責，以一切皆是為主而作的來安慰並鼓勵自己，可算是最為痛苦，以及最難以忍受的。但我們要知道，基督真道可能因著我們怎樣工作而被信服或被輕視；上帝的聖名可能因為我們怎樣工作而被尊崇或被鄙視。在工作中忍受不公平的對待，是分享基督的痛苦，「使我認識基督，知道他復活的大能，並且知道和他一同受苦，效法他的死」(腓三10，和合本修訂版)。[23]

透過日常的工作來表達信仰，來高舉基督，甚至在極端嚴苛的困境中，也以之為分享基督之苦的心，樂意忍守，使人因我們而信仰基督，更羨慕我們的信仰。在工作中學習體會因上帝的同工而可以快樂地工作。[24]

三 工作與天職（Vocation）

在舊約聖經的記載中，我們看見上帝呼召人的情形：「耶

和華神見他過去要看，就從荊棘裏呼叫(qara)說：『摩西！摩西！』他說：『我在這裏。』」(出三4)

以色列年幼的時候我愛他，就從埃及召出(qara)我的兒子來。(何十一1)

我耶和華憑公義召(qara)你，必攙扶你的手，保守你，使你作眾民的中保，作外邦人的光。(賽四十二6)

從這幾段舊約經文中，可見qara是一種邀請式的呼召／召喚，這個字的用法可見於族長摩西、亞伯拉罕的被召和被差，也可見諸士師基甸、眾先知如以賽亞、耶利米、以西結、阿摩司的被召。無一例外，這些人都是被上帝呼召從事生命中一項特別的工作。總言之，qara一字是用在上帝召喚祂的百姓，來參與上帝對這個世界的大計。這個計劃是關乎救恩的召喚，聖潔生活的召喚，服待的召喚。[25] 相對而言，「聖經中並無一個被上帝呼召來從事世俗的職務或事業的事例。例如保羅是被上帝呼召為使徒，而不是被呼召為織幕匠……我們說上帝呼召一個人來做一個機械師、一個醫生，或一個學校教員是不合宜的。上帝呼召一個醫生、一個機械師、一個學校教員，以平信徒身份來做先知，傳福音的，或牧者和教師。」[26]

在新約中，呼召(kaleō, klēsis)一字與上文所討論舊約中的意義相同，它在新約中的意義就更明顯了。在福音書中，耶穌使用呼召一字來表示祂邀請罪人來悔改，回轉並歸回祂，並且可以為上帝的國度而活。

下列經文便顯示這些概念：

我來本不是召義人，乃是召罪人。（太九13）
耶穌對他們說：「來跟從我，我要叫你們得人如得魚一樣。」（可一17）
人子來，為要尋找，拯救失喪的人。（路十九10）

耶穌的呼喚是邀請人來相信祂，來跟從祂，來過一個聖潔的生活。得救恩、作門徒、過聖潔生活，是新約福音書中耶穌呼召的重要內涵。由這新約中的觀察，可以引申出以下的神學：我們在世界中所賴以謀生養家的職業本身並非目的，而是達成在上帝國度中，活出整全福音為目的之方法。[27] 路德（Martin Luther）與加爾文（John Calvin）是最先將日常工作解釋為天職的表表者，他們如此的立場，只是基於當時教會對修士及神職人員的過度重視而致。中世紀教會的立場認為，「天職」一字僅限於修道院中潛修的修士，或教會中工作的神職人員。路德則主張，每一個基督徒皆有天職，每一個基督徒所從事的職業皆是天職。如此一來，「天職」從一羣教會中的特權人士中被解放出來，成為人人皆有份的權利：屬靈天職和外在天職。前者是透過福音的宣講，上帝呼召人進入天國，所有基督徒皆可擁有；後者是上帝呼召人透過本身職業來事奉上帝和世人，這天職也是每一個人皆可擁有的，但基於每個人情況不一樣而天職各異。[28]

若經文顯示的情況是：上帝呼召醫生和漁夫來跟從他，而沒有呼召人來作醫生和漁夫，那麼我們又應如何看待各行各業的人所從事賴以謀生的工作呢？這問題，可由施洗約翰在約旦河邊對受洗百姓所說的一段說話得到啟迪：

> 眾人問他說：「這樣，我們當作甚麼呢？」約翰回答說：「有兩件衣裳的，就分給那沒有的；有食物的，也當這樣行。」又有稅吏來要受洗，問他說：「夫子，我們當做甚麼呢？」約翰說：「除了例定的數目，不要多取。」又有兵丁問他說：「我們當做甚麼呢？」約翰說：「不要以強暴待人，也不要訛詐人，自己有錢糧就當知足。」（路三10～14）

這段記載反映了當時一般百姓對從事某些行業者的期待，因為兵丁和稅吏都是社會中較容易欺善貪訛的職業，故此約翰強調他們應該工作認真，敬業樂業，公正不訶。但這段經文並沒有詳細解說工作的定義，只是說明某些行業的工作者應有的態度而已。

四 總結

由以上的討論可知，聖經對工作一字的專論並不如基督論或末世論等來得多和詳細，我們只可從字義的分析看見一些普通現象，上帝工作，基督工作，人也工作。從人的工作中，我們可以觀察到以下的現象：人人皆須工作，工作為養生，工作為上帝國和福音服務等。按現時研究可見，近年對工作的神學專門論述並不多，[29] 從經文角度來分析的專著亦非常少，這或許是跟聖經本身不多討論這主題有關。

註釋：

1 G. Bertram, "ergon", in *Theological Dictionary of the New Testament*, edited by G. Kittel and G. Friedrich, translated by G. W. Bromiley (Grand Rapids, Mich.: Eerdmans, 1964), 2:635～655.

2 Gordon J. Wenham, *Genesis* (Waco, Tex.: Word Books, 1978), 81.

3 李嘉森(A. Richardson)著，胡簪雲譯：《聖經關於工作的教義》(香港：基督教輔僑出版社，1958)，頁13。

4 R. Paul Stevens, *The Other Six Days: Vocation, Work, and Ministry in Biblical Perspective* (Grand Rapids, Mich.: Eerdmans, 1999), 113.

5 李嘉森著，胡簪雲譯：《聖經關於工作的教義》，頁11。

6 摘自陳永明：《哲人哲語》(香港：現代教育研究社，1995)，頁82～83。

7 Joachim Jeremras, *Jerusalem in the Time of Jesus*, trans. from the German by F. H. & C. H. Cave (Philadelphia: Fortress Press, 1969), 303～312.

8 在原來的同一清單中，稅吏出現兩次，卻用了不同的字："tax-collector"和"publican"。

9 雖然上文表示，新約並沒有對某單一行業工作者的工作態度作出指引，但當下的推論是：身為奴隸者的工作態度也應如此盡責認真，那麼那些僱工們(太二十1；可一20；路十五17)、其他各行各職的工作者豈不更應努力工作嗎？

10 「家庭規範」解說家庭關係的規則，包括夫妻、父母子女、主僕等。(參弗五21～六9；西三18～四1；彼前二18～三7)

11 Richard N. Longenecker, *New Testament Social Ethics for Today* (Grand Rapids, Mich.: Eerdmans, 1984), 48.

12 Helmut Koester, *Introduction to the New Testament: History, Culture and Religion of the Hellenistic Age*, vol. 1 (Philadelphia: Fortress Press, 1980), 62.

13 Everett Ferguson, *Backgrounds of Early Christianity*, 3rd edition (Grand Rapids, Mich.: Eerdmans, 2003), 59.

14 Ferguson, *Backgrounds of Early Christianity*, 59～63.

15 Ferguson, *Backgrounds of Early Christianity*, 59～63.

16 奴隸中受過訓練且有特別技能的人，可被安排作公務員。

17 M. I. Finley, *The Ancient Economy* (Berkeley: University of California Press, 1974), 62～94.

18 Derek Tidball, *The Social Context of the New Testament: A Sociological Analysis* (Grand Rapids, Mich.: Zondervan, 1984), 114.

19 Finley, *The Ancient Economy*, 86.

20 Tidball, *The Social Context of the New Testament*, 115.

21 這種在肉身為奴隸卻可以自由之心來服待主人，同時又可服待上帝的新思維，並沒有衝擊早期教會對奴隸制度的不滿；相反地，信主者因同為上帝的兒女，在主內是平等的思想，卻為後來奴隸制度的解體埋下了種子。參 Tidball, *The Social Context of the New Testament*, 116。

22 李嘉森著，胡簪雲譯：《聖經關於工作的教義》，頁33。

23 NIV 的翻譯是："I want to know Christ and the power of his resurrection and the fellowship of sharing his sufferings, becoming like him in his death."（腓三10）

24 葉松茂：《顧客就是上帝！：開心寫意的工作觀》（香港：天道，2002）。這本書以輕鬆的筆調寫出以超乎顧客要求的服待，快樂地來服待人，也就是快樂地工作。其中也提及在職場中及在教會中所遇到的一些困難及解決建議。

25 Stevens, *The Other Six Days*, 84.

26 李嘉森著，胡簪雲譯：《聖經關於工作的教義》，頁23、24。

27 Cornelius Plantinga Jr., *Engaging God's World: a Christian Vision of Faith, Learning, and Living* (Grand Rapids, Mich.: Eerdmans, 2002), 101～133.

28 Miroslav Volf, "Human Work, Divine Spirit, and New Creations: Toward a Pneumatological Understanding of Work", *Peuma* (Fall 1987), 179。關於批評路德對天職一字的解釋，可參本文頁180～183。

29 Miroslav Volf, *Work in the Spirit: Toward a Theology of Work* (New York: Oxford University Press, 1991).

3

從舊約「創造神學」看安息日的意義

張祥志

一　對安息日的印象

提到安息日，一般基督徒的印象不外乎：(1) 六日工作疲倦，所以神吩咐人要休息，以致恢復體力，繼續工作；(2) 安息日與基督徒沒有多大關係，因為這只是耶和華與以色列人所立的約，而不是與我們這些外邦基督徒所立的約。基於此，第四誡「當守安息日」對基督徒並不適用，因此基督徒只須守十誡中的九誡，毋須在星期五傍晚至星期六黃昏甚麼都不作，可以照樣"Thank God it's Friday"等。可是，這樣看待安息日只流於「景點式」的理解，就像跟旅行團去外地旅遊一樣，乘坐旅遊車到某個景點，遊覽二十分鐘，拍些照片留念，買些紀念品，然後又上車到下一個景點觀光，所認知的只是一些表面印象，而對於當地真正的風土人情或文化生活卻只得一知半解。

中文「安息」一詞有安靜、休息的意思，但同時也有「死亡」之意，如「安息主懷」，故此有時會使人混淆不清。然而，聖經中的「安息」又是甚麼意思？「安息」(šāḇaṯ) 這字在舊約聖經出現至少一百六十次，其基本意思是「停止」、「止息」或「終止」。但是，這「停止」所蘊含的內涵實指甚麼？上帝為何要吩咐人停止工作？而停止工作的目的又是甚麼？本文嘗試用舊約「創造神學」[1] 的角度去探討「安息日」的意義。

二 猶太人對安息日的重視

舊約聖經記載了很多關於安息日的「吩咐」，如在安息日不准收集食物(出十六29～30)、不准收割(出三十四21)、不准在住處生火(出三十五3)、不准耕種田地及修理葡萄園(利二十五4)、不准撿柴(民十五32～36)、不可作買賣(摩八5)、要記念安息日，守為聖日(出二十8；申五15)、要刻苦己心(利十六31，二十三27、32)、要將火祭獻給耶和華(利二十三27)、要把油與陳設餅擺列在上帝面前(利二十四5～9)、要獻素祭及燔祭(民二十八9～10)、祭司要穿上細麻布的聖衣，行贖罪之禮，也要在至聖所和會幕與壇行贖罪之禮，並要為眾祭司和會眾的百姓贖罪(利十六32～33)、要將安息日守為聖會(利二十三3、27)等。對於猶太人來說，安息日的吩咐更是神聖不可侵犯，因為出埃及記三十一章13至17節耶和華對以色列子民這樣說：

> 你們務要守我的安息日，因為這是你我之間世世代代的證據，使你們知道我耶和華是叫你們成為聖的。所以你們要守安息日，以為聖日。凡干犯這日的，必要把他治死；凡在這日做工的，必從民中剪除。

> 六日要做工，但第七日是安息聖日，是向耶和華守為聖的；凡在安息日做工的，必要把他治死。故此以色列人要世世代代守安息日為永遠的約。這是我和以色列人永遠的證據，因為六日之內耶和華造天地，第七日便安息舒暢。

由於以色列人將這約視為永遠的約，而且內容又十分嚴峻——「凡在安息日做工的，必要把他治死」，故此猶太人便為「工」這生死悠關的字眼下了一些定義，根據米示拿(Mishnah) Shabbath 7: 2的記載，他們把「工」分為三十九項：織縫、耕犁、收割、捆扎、打穀、揚穀、挑選莊稼、碾磨、篩、推拿、焗、剪羊毛、洗羊毛、打羊毛、染羊毛、紡線、編織、打兩個繩圈、編織兩種線、分開兩種線、綁繩、解繩、縫兩針、撕開以致縫兩針、設陷阱捉鹿、屠宰鹿、剝鹿皮、醃鹿、醫治鹿皮、刮鹿、切鹿、寫兩個字母、擦去兩個字母以致寫兩個字母、建築、拆毀、滅火、點火、用鎚子擊打及將物件從一個地區運到另一個地區。[2] 猶太人定立這些標準是為了竭力避免去作「工」，以致得罪耶和華，招致死亡的懲罰。

雖然以上經文記載了很多關於安息日的吩咐，米示拿亦定立了作工的範疇，但這一切都只是指出安息日的可作與不可作，或要作與不要作，卻沒有解答安息日的意義是甚麼，或人為甚麼要守安息日等問題。

要知道安息日的意義，或許我們可從兩段「十誡」對安息日吩咐的經文：出埃及記二十章8至11節及申命記五章12至15節，來探討安息日的真正意義。

三 第四誡：當記念安息日

1. 出埃及記的第四誡

出埃及記記載，以色列子民在埃及受法老勞役，他們的哀聲達到耶和華面前，耶和華呼召摩西去帶領以色列人離開埃及，當中以十災作為手段。及至過了紅海，耶和華終於把子民從邪惡的法老手中拯救出來。然而，故事並未結束，耶和華在西乃與子民立約，其立約內涵就是十誡。十誡中的第四誡是要子民記念安息日（出二十8～11）：

> 當記念安息日，守為聖日。六日要勞碌做你一切的工，但第七日是向耶和華你神當守的安息日。這一日你和你的兒女、僕婢、牲畜，並你城裏寄居的客旅，無論何工都不可作。因為六日之內，耶和華造天、地、海和其中的萬物，第七日便安息，所以耶和華賜福與安息日，定為聖日。

這裏的吩咐很清楚，就是六日要做工，[3]第七日無論何工都不可作；原因亦很清楚，就是耶和華六日創造天地萬物，第七日便安息了。這亦回應了上文，上帝與以色列人立安息日為永遠的約的原因也是「因為六日之內耶和華造天地，第七日便安息舒暢」（出三十一17）。但是，耶和華第七日安息的原因在這裏卻沒有清楚交待，如果要知道箇中原因，我們必須回到創世記一章1節至二章3節來瞭解。

A. 創世記二章1至3節的安息

先從結論說起，上帝六日創造天地萬物，上帝看這些創造都是好的(創一4、10、12、18、21、25),而在第六日創造中上帝看著一切所造的都甚好(創一31)。第二章一開始便說:

> 天與地與一切萬軍都完成了。上帝在第七日完成祂的工,就是祂所作的,並在第七日從祂一切的工停止〔安息〕,就是祂所作的。上帝祝福第七日,並使它為聖,因為在它,祂從祂一切的工停止〔安息〕,就是上帝創造去作的。(創二1～3,筆者翻譯)

這裏清楚給我們看到,上帝從一切的工停止〔安息〕,並不是祂創造得很疲倦,所以要休息,也不是作事要有「工作－休息」的時間格式,而是「天與地與一切萬軍都完成了」,「上帝在第七日完成祂的工,就是祂所作的」。也就是說,上帝停止〔安息〕是因為祂已經「做無可做」,因為一切都變得甚好,一切都變得圓滿,所以便停工安息。換句話說,上帝停止工作最核心的意義不是「休息」,而是「圓滿」,一切都變成最美好的狀態。同時,上帝「祝福第七日,並使它為聖,因為在它,祂從祂一切的工停止〔安息〕,就是上帝創造去作的」(創二3)。

然而,這都只是關於安息日的結論——創造已經圓滿,所以上帝停工安息。但在這「圓滿」之前是一個怎樣的狀態?這狀態又如何達致「圓滿」的地步?這便要回到創世記的開始。

B. 六日創造的過程

「起初,神創造天地」(創一1)是整個創造故事的標題。當時還未有天和地,因為天要到第二日(創一8)才出現,地則要到第三日（創一10）才出現，而「天地」在這裏只是象徵整個世界。創世記一章2節是描述神未創造之前的狀態——「地是空虛混沌，淵面黑暗」，然後「上帝的靈運行在水面上」。上帝的靈運行在水面上是創造的開始，但在創造以先，已經有一些東西存在：空虛混沌的地、淵面及黑暗。聖經沒有在創世記一章1節之前再交待這空虛混沌的地、淵面及黑暗從何而來，或是否上帝創造，它只強調上帝的創造是從這些已存在的東西開始。[4]換句話說，聖經強調的創造不是「從無變有」，而是「從有到有」的一個過程。可是，這「從有到有」又是一個怎樣的過程？

起初地是「空虛混沌」，從以賽亞書三十四章8至15節及耶利米書四章23至27節中，我們可以得知「空虛混沌」是指一片混亂及荒涼的狀態。[5]「淵面」是指包圍著地球的大水深淵，而這深淵對希伯來人來說是邪惡的象徵。而「黑暗」也是上帝創造世界之前的狀態。當上帝的靈發動創造的時候，六日的創造便展開。

我們稍為留心的話，便不難發現，最初六日的創造描述是有結構的：上帝第一日創造光（創一3～5），第四日創造光體（創一14～19）；第二日在諸水之間創造空氣（創一6～8），[6]第五日創造在這穹蒼之中的天和海的生物（創一20～23）；第三日創造陸地及植物（創一9～13），第六日創造陸地中的生物及人類（創一24～31）。這由六日構成三組的創造，正針對著未創造之前的三個問題：空虛混沌的地、淵面及黑暗。第一及第四日的光及光體處理黑暗的問題；第二及第五日的穹蒼與天和海的生物處理淵面的問題；而第三及第六日的陸地與陸地中的生物及人類則處理空虛混沌的地的問題。[7]本來是混亂邪惡黑暗的地和深淵，經過上帝的靈的創造，現在變成一個井井有條、界限分明、各從其類的秩序世界。再者，我們可以看到，整個創造的過程都是以「區分」作為重點：光／暗（創一3～4）、晝／夜（創一5）、天上的水／天下的水（創一6）、水／旱地（創一9）、大光／小光（創一16）、各從其類（創一11、12、21、24、25）、晚上／早晨（創一5、8、13、19、23、31）、男／女（創一27）。區分的目的自然是為了「秩序」。故此，「從混亂變成秩序」才是聖經中「創造」的核心主題。如果六日創造的主題是「從混亂變成秩序」，那麼安息日就是這創造的圓滿、完全、和諧、秩序的高峯象徵，而守安息日就是為了記念這「從混亂到秩序」的過程。[8]

2. 申命記的第四誡

申命記的十誡中，吩咐守安息日的原因也有相類似的思維：

> 當照耶和華你神所吩咐的守安息日為聖日。六日要勞碌做你一切的工，但第七日是向耶和華你神當守的安息日。這一日，你和你的兒女、僕婢、牛、驢、牲畜、並在你城裏寄居的客旅，無論何工都不可做，使你僕婢可以和你一樣安息。你也要記念你在埃及地作過奴僕，耶和華你神用大能的手和伸出來的膀臂將你從那裏領出來。因此，耶和華你的神吩咐你守安息日。（申五12～15）

這裏的吩咐基本上與出埃及記的第四誡一樣：「六日要

勞碌做你一切的工，但第七日是向耶和華你神當守的安息日。這一日你和你的兒女、僕婢、牛、驢、牲畜、並在你城裏寄居的客旅，無論何工都不可做，使你僕婢可以和你一樣安息。」而守這安息日的原因，則與出埃及記的有所不同：「你也要記念你在埃及地作過奴僕，耶和華你神用大能的手和伸出來的膀臂將你從那裏領出來。因此，耶和華你的神吩咐你守安息日。」出埃及記強調記念上帝的七日創造過程；申命記則強調上帝拯救子民出埃及的過程。若從「創造神學」角度出發，出埃及事件其實也是神在子民身上「從混亂到秩序」的創造工作。[9]

整個出埃及事件的起始是在於「以色列人生養眾多，並且繁茂，極其強盛，滿了那地」(出一7)。這「生養眾多，並且繁茂，極其強盛，滿了那地」正是上帝在創造時對人類的祝福(創一28，十七2～6，四十七27)，以及上帝叫亞伯拉罕的後裔成為大國這應許的實現(創十二2，十五1～5)。可是，上帝這創造的祝福卻成為埃及王法老的威脅，以致法老要勞役甚至殺害以色列子民，使他們無法壯大。換句話說，法老王是反創造力量的象徵人物。出埃及事件就是在這「創造」與「反創造」的對峙下開始的。

為了將以色列人從埃及的空虛混沌狀況下拯救出來，耶和華用了十災作為拯救的方法。十災其中一個很重要的特性就是其「反創造」的性質：在創造時大自然生物是各從其類，井然有序，十災卻是所有生物完全混亂失控，秩序蕩然無存；創造時是人類管理動物昆蟲，十災卻是動物昆蟲來擾亂人；創造時上帝將光和暗分開，十災中的黑暗之災卻回復創造之前的黑暗狀態；創造時上帝祝福人類生養眾多，殺長子之災卻是將人生命斷絕等。到過紅海一幕，其創造與反創造的特性更明顯可見。對於以色列人，耶和華所作的是創造的行動，祂用雲柱將以色列人及埃及人分別出來，一邊黑暗，一邊發光（出十四19～20），這正與上帝創造世界時將光暗分開遙遙呼應（參創一3）；當摩西向紅海伸杖，耶和華便用大東風使海水一夜退去，水便分開，海就成了乾地，以色列人下海中走乾地，水在他們的左右作了牆垣（出十四21～22），「風」原文是 rûᵃh，也正是創世記一章2節中神的「靈」（rûᵃh），現在同樣的 rûᵃh 展開創造工作，將海水和陸地分開，也是呼應著創世記中「天下的水要聚在一處，使旱地露出來」（創一9～10）。對於埃及人，耶和華所作的卻是反創造的行動，耶和華從雲火柱中向埃及的軍兵觀看，使埃及的軍兵「混亂」了，又使他們的車輪脫落，難以行走（出十四24～25）；然後，耶和華吩咐摩西向海伸杖，叫水仍合在埃及人並他們的車輛及馬兵身上，到天一亮，海水便仍舊復原，水就回流，淹沒了車輛和馬兵，以色列人卻在海中走乾地，水在他們的左右作了牆垣（出十四26～29）。[10] 凡此種種，我們都可看見以色列人出埃及是一個與「創造」息息相關的過程。不論申命記的安息日誡命，或是出埃及記的安息日誡命，都是基於同樣的觀念，就是記念上帝「從混亂到秩序」的創造過程，目的是讓世界及祂的子民得享神創造的「圓滿」，讓他們的生活可以「安息舒暢」。

四 安息日與律法

值得留意的是，出埃及並非耶和華「創造」子民的目的，耶和華拯救子民最終是要他們進入那流奶與蜜的應許之地，讓他們能過一個有秩序及圓滿的生活，使他們在那地得享安息。可是，當時迦南地卻住了許多信奉異教及敵擋上帝的民族，原本是美好的應許之地，卻因他們的邪惡變得「空虛混沌」。在這情況下，子民如何可扭轉這狀況，以致可以實現安息日的「圓滿」理想？在「五經」中，上帝對以色列子民最清楚最具體的秩序吩咐，莫過於祂的「律法」，上帝向以色列子民頒佈誡命、律例、典章是為要讓他們在迦南這充滿邪惡混沌的大地，建立一個有秩序、合神心意、上帝看為是好的世界。而透過遵行上帝仔細吩咐的律例，子民延續上帝的創造工作，繼續將大地「從混亂變成秩序」，讓子民可以幸福過活，這豈不是安息日的核心目的？安息日與誡命、律例、典章的關係如此密切，難怪舊約中大量經文都將安息日與律法相提並論：

> 你也降臨在西乃山，從天上與他們說話，賜給他們正直的典章、真實的律法、美好的條例與誡命。又使他們知道你的安息聖日、並藉你僕人摩西傳給他們誡命、條例、律法。（尼九13～14）
>
> 這樣，我（上帝）就使他們出埃及地，領他們到曠野，將我的律例賜給他們，將我的典章指示他們；人若遵行就必因此活著。又將我的安息日賜給他們，好在我與他們中間為證據，使他們知道我耶和華是叫他們成為聖的。以色列家卻在曠野悖逆我，不順從我的律例，厭棄我的典章，大大干犯我的安息日。（結二十10～13）
>
> 因為他們厭棄我的典章，不順從我的律例，干犯我的安息日。（結二十16）

我是耶和華你們的神，你們要順從我的律例，謹守遵守我的典章，且以我的安息日為聖。這日在我與你們中間為證據，使你們知道我是耶和華你們的神。只是他們的兒女悖逆我，不順從我的律例，也不謹守我的典章，干犯我的安息日。（結二十19～21）

因為他們不遵行我的典章，竟厭棄我的律例，干犯我的安息日，眼目仰望他們父親的偶像。（結二十24）

在你中間有輕慢父母的，有欺壓寄居的，有虧負孤兒寡婦的。你藐視了我的聖物，干犯了我的安息日。（結二十二7～8）

其中的祭司強解我的律法，褻瀆我的聖物，不分別聖的和俗的，也不使人分辨潔淨的和不潔淨的，又遮眼不顧我的安息日，我也在他們中間被褻漫。（結二十二26）

有爭訟的事，他們應當站立判斷，要按我的典章判斷。在我一切的節期必守我的律法、條例，也必以我的安息日為聖日。（結四十四24）

謹守安息日而不干犯，禁止己手而不作惡；如此行，如此持守的人便為有福。（賽五十六2）

那些謹守我的安息日，揀選我所喜悅的事，持守我約的太監，我必使他們在我殿中，在我牆內，有記念、有名號，比有兒女的更美。（賽五十六4～5）

根據上面的經文，我們可以看見這樣的邏輯：不順從律例，不謹守典章，就是干犯安息日；藐視上帝的聖物，就是干犯祂的安息日；祭司不分別聖俗及潔與不潔，就是不顧上帝的安息日；揀選上帝所喜悅的事，持守祂的約，就是謹守安息日。或許我們可以說：安息日其實是所有誡命、律例、典章的終極指向，也是其精神的總和。透過上帝仔細的吩咐，讓子民在生活各個層面中建立一個有秩序的、合祂心意、祂看為是好的世界。不遵守上帝的誡命，也就是棄絕安息日。

五 安息日：從勞役到釋放

若安息日的理想就是讓空虛混沌的大地變成一個讓人得享釋放、秩序、圓滿、和諧、安舒的世界，那麼我們便不難理解為何其他有關安息日的經文都有著這取向：

> 六日你要做工，第七日要安息，使牛、驢可以歇息，並使你婢女的兒子和寄居的都可以舒暢。（出二十三12）
>
> 六年你要耕種田地，收藏土產，只是第七年要叫地歇息，不耕不種，使你民中的窮人有吃的。他們所剩下的，野獸可以吃。你的葡萄園和橄欖園也要照樣辦理。（出二十三10～11）
>
> 你們到了我所賜你們那地的時候，地就要向耶和華守安息。六年要耕種田地，也要修理葡萄園，收藏地的出產。第七年，地要守聖安息，就是向耶和華守的安息……遺落自長的莊稼不可收割；沒有修理的葡萄樹也不可摘取葡萄。這年，地要守聖安息。地在安息年所出的，要給你和你的僕人、婢女、雇工人，並寄居的外人當食物。這年的土產也要給你的牲畜和你地上的走獸當食物。（利二十五2～7）

從以上的經文我們可以看見：讓窮人、動物及大地的生命得到釋放和舒暢，正是安息日的核心精神。

六 守安息日：每個信徒的責任

安息日既然象徵著創造的圓滿、完全、和諧、秩序的狀態，因此，守安息日的重點就不在字面上的「規條」，而在於字眼所指向的「精神」。守安息日就是去記念、遵守、保護及維繫上帝的創造秩序，包括接受上帝所決定的定命秩序、遵守上帝所規定的道德秩序、發揮上帝所吩咐的功能秩序、享受上帝所賜與的恩典秩序、維繫上帝所喜悅的關係秩序等。上帝的心意加上人正確的回應，這是安息日的要求。

上帝的創造是宇宙性的，所以維繫上帝的創造秩序，並非單單以色列人的責任，而是每一個屬上帝的子民的責任，上帝的創造不單是為以色列人，也是為世界上的每一個人。作為上帝的子民，雖然我們毋須像以色列人一樣持守「字眼上」的安息日，但我們絕對要持守「精神上」的安息日，實踐安息日的意義。我們身處四周的大地都可說是空虛混沌，很多都違反著上帝的創造秩序——欺壓、奸詐、貪污、不公義、剝削、勞役等無日無之，作為上帝的子民，我們絕對有責任去將安息日的理想實踐出來，讓每個受欺壓的人生命得到安舒，這也是上帝對世人的心意：「世人哪，耶和華已指示你何為善。[11] 他向你所要的是甚麼呢？只要你行公義，好憐憫，存謙卑的心，與你的上帝同行。」(彌六8) 要實踐安息日的意義，我們得先明白上帝的創造心意，若只是死守安息日的字眼規條，而扭曲上帝原初的心意，只會徒勞無功！

註釋：

1 「創造神學」過去在西方學術界一直被忽略，直至近年才有學者提出其重要性，其神學觀點可參 Terence E. Fretheim, *God and World in the Old Testament: a Relational Theology of Creation* (Nashville: Abingdon Press, 2005), 1～28。

2 Jacob Neusner, *The Mishnah: a New Translation* (New Haven: Yale University Press, 1988), 187～188.

3 這裏的「工」(**məlā'ḵāʰ**) 與創世記二章2節上帝在第七日歇了祂一切的「工」(**məlā'ḵāʰ**) 是同一字，反映子民在延續上帝的創造工作。

4 James L. Kugel, *Traditions of the Bible: a Guide to the Bible as it was at the Start of the Common Era* (Cambridge, Mass.: Harvard University Press, 1998), 60～63.

5 李思敬：《恩怨情仇論舊約》(香港：更新資源，1997)，頁77～78。

6 「空氣」(räqîaʿ) 被翻譯為「穹蒼」更為正確。

7 李思敬：《恩怨情仇論舊約》，頁73～78。

8 禤浩榮：《創造神學——從神的創造看救恩真義及信徒生活》(香港：天道書樓，1998)，頁2～7。

9 Fretheim, *God and World in the Old Testament*, 10～13.

10 Terence E. Fretheim, *Exodus* (Louisville: John Knox Press, 2005), 105～112.

11 「善」原文是「好」(ṭôḇ)，也是神創造世界時看為是「好」的同一字。

4

從福音書的安息日爭論反思安息日的神學

邵樟平

一 引言

不知何故，筆者過去一直沒有想過要研究安息日的神學這個課題。其實，作為一個信主年日不短的基督徒，筆者一直都感受到「安息日」的震懾力量。還記得筆者在二十世紀八十年代初唸神學時的一次深刻經歷。話說某個主日，我們一班男同學由於不用實習，下午又不用趕甚麼功課。於是一眾便決定在校園打籃球。當我們正打得興起之際，突然傳來了嚴厲的斥責聲。一位西教士老師責備我們不該在主日打籃球，因為這是犯了安息日。我們當然聽話，立時停止籃球活動，但我的腦海中卻浮現了一大堆問題：為甚麼如此健康的籃球活動，僅由於在主日進行，便被斥為觸犯安息日而加以禁止呢？究竟可以在主日進行甚麼活動而不算犯了安息日的誡命呢？釣魚可以嗎？游泳可以嗎？行山可以嗎？看書可以嗎？約好友散步閒談可以嗎？滿腦子很多有關「可以嗎？」的問題，卻苦於沒有答案。另外，叫筆者更加抓破腦袋的是，為甚麼在「主日」進行的活動，竟然會是觸犯了「安息日」的誡命？

這次研究可以說是一次很好的機會，讓筆者去清理一下以上的問題。本來這次研究是要探討新約對安息日的教導，或是安息日在新約中的神學意義。但是在研究之後，卻發覺新約中能夠凸顯安息日意義的討論，其實全部集中在福音書之中。因此，本文集中論述福音書中，由耶穌的行事和講論所反映出的安息日神學思想。

由於時間和其他的限制，筆者所能做的，只是對福音書中的安息日神學作出一些相當粗淺的討論和反思。不過，儘管如此，筆者仍嘗試從一個較為原創的視野，來思考和處理經文和這個題目。故此，筆者盼望本文對進一步研究「新約中的安息日神學」這個課題仍有多少助益；另一方面，筆者亦盼望一般的信徒透過本文所帶出的安息日的神學意義，能夠認真地反省自己的信仰生命，從而能夠建立起更符合安息日精神的生命。

二 新約論及安息日的情況

1.「安息日」在新約的分佈情況

「安息日」一詞在新約一共出現了六十八次。我們若單看這個出現的次數，並不會覺得有甚麼特別：它不算很多，亦不算太少。這個次數跟一些新約的重要字詞出現次數差不多，例如：「光」出現了七十三次，「永遠」出現了七十一次，「誡命」出現了六十七次，「果子」出現了六十六次。

不過，當我們進一步研究，便會發現這個詞在新約中出現的情況其實是十分特別的。這個詞出現的地方是集中在福音書和使徒行傳，除此之外，便只在保羅書信中出現了兩次（林前十六2；西二16）。這是一個相當不平均的分佈。由這個分佈情況來看，我們或者可以得出一個初步的結論：新約時期的教會並沒有在安息日這個課題上出現很大的分歧，以致保羅和其他新約書信的作者沒有必要透過書信去幫助信徒澄清對安息日的看法。

當我們將焦點放在福音書和使徒行傳中六十六次提及「安息日」的經文時，我們亦留意到一個相當有趣的現象。「安息日」一詞在使徒行傳中出現的十處地方（徒一12，十三14、27、42、44，十五21，十六13，十七2，十八4，二十7），差不多全部都是作為一個時間的標記被提起的。故此，就這些經文來說，「安息日」一詞並沒有任何重要的神學含意或信仰意義。故此，我們或者可以再得出一個初步的結論：從使徒行傳所記載的初期教會發展的事迹來看，安息日並不是一個引起教會內部，或引起教會與猶太人或外邦人討論的一個課題。

不過，當我們進到福音書時，這個情形便大為不同。「安息日」一詞在四卷福音書出現的情況，算是相當平均的。馬太福音出現了十一次，馬可福音出現了十二次，路加福音出現的次數稍為多一點是二十次，最後是約翰福音出現了十三次。在這五十六處出現「安息日」的經文中，很大部分是涉及對安息日的本質和意義的討論。安息日經常是引起耶穌和猶太人的領袖爭論的一個課題。

因此，就著「安息日」一詞在新約分佈的情況來看，我們可以再得出兩個初步的結論：(1) 我們若要了解安息日在新約的意義，就必須深入研究福音書所提及有關安息日的討論。⑵我們亦可以相當肯定地指出，在福音書之外，新約沒有其他地方提供足夠的資料，讓我們可以對安息日的意義作出深入的探討和反思。[1] 換句話說，福音書中對安息日的討論，便是我們反思安息日神學至為重要的資料。

2. 福音書記錄的焦點：安息日引起的爭論

在福音書中出現「安息日」一詞的經文，大致可以分為兩類：⑴沒有特別強調這詞的神學意義或信仰含意的經文（大約有十六次，如：太二十四20，二十八1；可一21，六2，十六1、2、9等）。在這些經文中所出現的「安息日」，大致上跟在使徒行傳的情況一樣，它們只是用作時間的標記。⑵其餘所出現的四十處經文，卻全部集中在一個重點之上：耶穌與猶太領袖對安息日出現了嚴重分歧的看法，以致他們經常因為安息日的問題而發生爭論。

在安息日這個課題上，不同的福音書作者均一致地記載了耶穌與猶太領袖的爭論。這似乎反映出對安息日的本質和意義的澄清，是耶穌十分關注的事情。故此，當福音書的作者在記下耶穌的生平事迹時，便無可避免地會記下這些安息日爭論的事件。而在這些爭論中，耶穌明確表達了跟當時的宗教領袖對安息日的不同看法。當我們反思安息日的神學時，耶穌與宗教領袖的看法，正好反映了正反的兩面。

在福音書中記載安息日爭論的經文共有十段，由於其中的兩次爭論是三卷符類福音都有記載的，因此，福音書所記載的安息日爭論共有六次。它們分別是：

(1) 耶穌的門徒在安息日經過麥田時掐麥穗所引起的爭論（太十二1～8；可二23～28；路六1～6）；
(2) 耶穌在安息日醫好枯手病人所引起的爭論（太十二9～14；可三1～6；路六6～11）；
(3) 耶穌在安息日醫好被鬼附駝背婦人所引起的爭論（路十三10～17）；
(4) 耶穌在安息日醫好患水臌病人所引起的爭論（路十四1～6）；
(5) 耶穌在安息日醫好畢士大池旁患病三十八年的人所引起的爭論（約五1～18；特別是10、16、18節）；
(6) 耶穌在安息日醫好生來瞎眼的人所引起的爭論（約九；「安息日」一詞出現在14和16節）。

三 安息日爭論的焦點

耶穌在安息日所表現的行為（或祂的門徒的行為），多次挑起法利賽人的攻擊，似乎並非偶發的事件。耶穌這些行為，似乎是為了衝擊當時猶太領袖對安息日的看法。守安息日是猶太人十分重視的誡命，耶穌對錯誤的安息日觀作出澄清，當然是十分重要的事。故此，難怪福音書作者對這些爭論如此重視，作出為數不少的記錄。我們若要明白耶穌要澄清的安息日神學的重點，我們第一步要做的，就是要先釐清耶穌與猶太人領袖雙方觀點的差異。在這一節，我們便會先探討法利賽人和耶穌在安息日的爭論中，各自所持守的看法。

1. 法利賽人的爭論焦點

從上述福音書中所記載的六次安息日的衝突中，法利賽人與耶穌的爭論，其實是有一貫的中心思想，就是「安息日不可做的事情」。他們所重視的，是安息日對遵守者的限制；而他們所要維護的，是安息日的規條不被任何人觸犯。

A. 安息日不可掐麥穗吃（太十二2；可二24；路六2）

在掐麥穗的事件中，其實按摩西的律法來說，在田間掐麥穗這行動本身，並沒有觸犯律法。正如寧恩（William L. Lane）所指出的：「摩西律法明確提到，『你進了鄰舍站著的禾稼，可以用手摘穗子，只是不可用鐮刀割取禾稼。』（申二十三25）門徒的行動受到法利賽人尖銳的批評，只因為它發生在安息日。」[2] 為甚麼門徒的行動發生在安息日就不可以呢？這是因為法利賽人對安息日不可作的事情加增了很多解釋。他們在口傳律法傳統米示拿（Mishnah）中提到，掐麥穗是一種收割的行動。[3] 寧恩指出，當法利賽人將掐麥穗這個行動解釋成收割行動時，這便成了觸犯安息日的行動了。因為摩西律法是明明禁止在安息日收割的（出三十四21），而在米示拿所提到的三十九類在安息日禁止的工作中，第三類便是收割。[4]

法利賽人除了可以從收割這個行動來看門徒觸犯安息日之外，馬碣爾（I. H. Marshall）還提出了另一個可能的原因。他指出，對於法利賽人來說，在安息日「為了預備膳食而磨擦麥穗亦是被禁止的，因為任何一個可能在安息日出門的旅行者，他都必須事先預備好膳食」。[5] 故此，法利賽人可以將門徒的行為理解成預備膳食，這樣，他們便是觸犯安息日了。

其實寧恩和馬碣爾所提出的兩種解釋，皆指向一個相同的方向。他們的解釋讓我們清楚看出，對法利賽人來說，事件的焦點是耶穌的門徒「掐麥穗吃」，而這是做了安息日不可做的事。

B. 安息日不可醫病（太十二 10、14；路十三 14；約五 16～18）

在多次因為在安息日醫病而導致衝突發生的事件中，法利賽人所針對的，乃是那些人的病並沒有帶來即時的生命危險，故此他們不可在安息日求醫，而耶穌亦不可在安息日醫他們的病。因為按照他們的口傳律法傳統所規定，[6] 惟有在生命受威脅的情況下，才構成一個人在安息日尋求醫病的合法理由。因為對這些病人來說，他們大可以在安息日之後來尋求醫病。[7] 這些法利賽人會認為，他們的這種做法，是在回應十誡中對守安息日的要求。[8] 但是，法蘭斯 (R. T. France) 卻指這種態度反映了一種「由律法轄制的宗教觀」。[9] 這個評語可謂一語中的。對於法利賽人來說，他們最關心的，安息日不可醫的是哪種情況下的病。

C. 安息日不可拿褥子走（約五 10）

對於耶穌醫好那個病了三十八年的病人，法利賽人所針對的，不單只是耶穌在安息日醫病的問題，他們亦針對那個人被醫好以後，拿著褥子行走這個行動。在舊約中，十誡禁止人在安息日工作，本來的意思很可能是為了禁止人為生計而在安息日作工。但是，法利賽人卻將這個工作的範圍作出了大規模的擴充，正如卡森 (D. A. Carson) 所指出的：「主流的拉比觀點，對禁止的工作分成三十九類，其中便包括由一個地方拿東西到另一個地方」。[10] 法利賽人便是按照這種對安息日工作的理解，來判斷那個三十八年的病人是犯了安息日。

D. 安息日不可和泥（約九 14 、 16）

對於耶穌醫好那個生來瞎眼的人，法利賽人亦不只針對耶穌醫病的問題。在這件事件中，耶穌是「吐唾沫在地上，用唾沫和泥抹在瞎子的眼睛上」(約九6)，然後叫那人往西羅亞池洗他的眼睛，他便看見了。當法利賽人要了解這件事情，問那個瞎子是怎樣看見時，「瞎子對他們說：『他把泥抹在我的眼睛上，我去一洗，就看見了。』法利賽人中有的說：『這個人不是從神來的，因為他不守安息日。』」(約九15～16) 卡森指出，法利賽人認為耶穌不守安息日的其中一個原因，是因為他們將耶穌「用唾沫和泥」看成是在作揉捏泥土的工作，而揉捏泥土又是他們的傳統為安息日所列的三十九類被禁止的工作中的其中一種。[11]

2. 耶穌的爭論焦點

耶穌在安息日的爭論中所關注的焦點，與法利賽人有很大的分別。我們可以將耶穌對安息日的關注，概括為三方面：安息日可以做的事情、安息日設立的目的，以及誰是安息日的主。相對於法利賽人來說，耶穌是從一個十分不同的出發點去理解安息日，因此，祂展示給我們看見，需要對安息日關注的範圍，遠較法利賽人所關注的範圍為廣闊。

A. 安息日可以做的事情

在幾次安息日的衝突中，耶穌對安息日的立場都是十分清楚的。祂是從人的需要作為基礎，去理解遵守安息日的意思。所有對人有益的事情，都是安息日可以做的事情。當門徒「餓了」，他們便需要食物果腹，縱然是安息日，這個需要仍應該被滿足的。故此，門徒在安息日掐麥穗吃並沒有犯安息日。耶穌提到大衛和跟從祂的人亦是因為「飢餓」，吃了本來只許祭司吃的陳設餅，他們亦一樣沒有犯罪（太十二1、3～4；參可二25～26；路六3～4）。[12]

耶穌在安息日醫病，亦是基於同樣的關注。祂在馬太福音十二章10至11節將那個枯乾了一隻手的病人的處境，比作一隻羊掉在坑中的處境。那隻身陷困境的羊需要被拉上來，以致離開困境；那個身陷困境的病人更需要被醫好，以致能脫離肉身的困苦。我們若參照馬可福音三章4節和路加福音六章9節的記載，耶穌在這裏更是將解決病人的需要與否，看成是在行善或行惡的分別。「不去醫治，就是對那位受苦者的傷害，令他要繼續受苦」，[13] 這便是在行惡。故此，在安息日醫病是可以的。耶穌在安息日醫好那個患了十八年駝背的婦人（路十三10～17）和那個患水臌的病人（路十四1～6），亦是基於同樣的看法。

B. 安息日設立的目的

耶穌從人的需要來理解何謂遵守安息日，可以說是由祂對安息日設立的目的之看法而來的自然結果。耶穌說：「安息日是為人設立的，人不是為安息日設立的。」（可二27）寧恩解釋這句話時指出，耶穌表明「神設立安息日是為了賜福給人」。[14] 人才是安息日的中心，規條並不是安息日的中心。但是在法利賽人不斷為安息日增加規條的情況下，已經令到設立安息日的本來意圖變得模糊不清了。耶穌的這句話令這個意圖再次清晰起來，等如在宣佈：「安息日是為了人的享受而設立的」，[15] 所以，讓我們去享受安息日所帶來的祝福吧！神的律法並不是要禁止我們去享受安息日的祝福！

C. 誰是設立安息日的主

對耶穌來說，守安息日並不在於守一些煩瑣的規條，而是在於尊重設立安息日的主。當耶穌說：「人子是安息日的主」(太十二8；可二28；路六5) 時，祂是在將安息日的焦點重新校正。無疑，一些學者在解釋這句話時，將重點放在基督論之上，這應該是一個合理的做法；[16] 不過，我們不應忽略耶穌這句話的重點，更是在澄清守安息日的含意。耶穌的這句話，將人的焦點由安息日的規條，轉到設立安息日的主身上。「誰是設立安息日的主？」這是守安息日的人首先要辨識清楚的；然後，他們守安息日才有意思。在舊約，耶和華是設立安日息的主 (出二十8～11；申五12～15)，以色列人守安息日，是對耶和華的回應。而當耶穌說：「人子是安息日的主」時，祂是在表明自己對安息日擁有絕對的主權。[17] 守安息日的人之所以守安息日，是為了要去回應設立安息日的主的心意，若他們確知安息日的主是為了人的好處而設立安息日，他們便不應將安息日的主視為無罪的行為，定作為犯罪的行為。他們更加不應將沒有犯安息日的人看成是罪人，甚至將安息日的主看成是罪人。

四 安息日爭論所反映的兩種安息日觀

在探討過法利賽人和耶穌對安息日的不同看法之後，我們便可以進一步指出，他們所持守的其實是兩種不同的安息日觀。法利賽人的安息日觀只會叫守安息日的人感到懼怕，因為安息日不單不能成為他們的祝福，更是他們的咒詛。耶穌的安息日觀卻完全不同，它叫人在安息日中得著自由和釋放，因為安息日是神為了人的需要而設立的，人在安息日中便能體會到神的憐憫與慈愛。

1. 法利賽人的可怕安息日觀

我們稱法利賽人的安息日觀是可怕的，因為它所強調的，是一種僵硬和強制的律法主義。這種律法主義式的安息日觀是冷酷無情的，它對人性的需要視而不見，完全不懂得尊重人性，以致會作出種種泯滅人性的行動。最終，這種安息日觀甚至對善惡亦失去了判別能力，而不能作出正確的判斷。

A. 律法主義

在耶穌的時期，安息日經過猶太拉比的律法主義式詮釋之後，賦予安息日的限制，多到叫人窒息的地步。這可以從猶太人所重視的拉比典籍米示拿看出來。米示拿雖然是完成於主後二世紀末，它卻將過去傳統對摩西律法的口傳解釋保留下來。[18] 米示拿十分細緻地規定了安息日不可做的三十九類工作，以及任何可能觸犯安息日的情況，都詳細地列舉出來。

在這種律法主義式的安息日觀之下，掐麥穗便被解釋成收割；以唾沫和泥便被解釋成揉捏泥土；拿褥子行走便被解釋為搬運。原本是一些簡單不過的日常行為，在這種律法系統之下，竟然一一被判成安息日不可做的工作。這樣的安息日觀，豈不是成了人的枷鎖，將人緊緊地束縛起來。更有甚者，人生病需要得到醫治的這種最自然和最基本的需要，當需要得到滿足後，竟然會因為這種安息日觀，而被看成是觸犯了律法。這便將這種律法主義式的安息日觀的冷酷無情，表露無遺。

B. 泯滅人性

由於這種律法主義式的安息日觀只將人看成是被操控的對象，故此，人們的行動便要受到嚴密的監察。不過，他們所重視的是人有沒有犯規，對於人的真正需要和痛苦卻可以視而不見。他們對於人的基本需要，如飢餓（太十二1）不加重視不在話下；他們甚至對那些長期受苦的人的痛苦也視而不見——**患病十八年**的駝背婦人（路十三11）、**患病三十八年**的癱子（約五5）和**生下來**便瞎眼的人（約九1）——那是很大的悲哀。他們會認為這些人的長期痛苦，比較於遵守安息日的規條，不過是微不足道的事。這樣的安息日觀其實已不將人當作人來看待了，而人的人性亦被泯滅了。

C. 善惡顛倒

泯滅人性的安息日觀，將安息日的規條高舉到超過人性的地步，於是一些本來明顯是善的行為，亦被看成是惡行。耶穌一系列醫好人的病的事件，本來是一系列明顯的善行，但是在那些被他們的安息日觀所蒙蔽的法利賽人的眼裏，對耶穌所做的一切善事均視而不見。他們所注意到的，只是耶穌這一系列的行為都違犯了安息日的規條。耶穌的善行竟然被顛倒成惡行，而法利賽人竟然為此，會興起殺害耶穌的念頭（太十二14；約五18）。

2. 耶穌的可貴安息日觀

耶穌的安息日觀可以歸納為兩個向度，一個向度是人，另一個向度是神。對於人，安息日要成為他們的祝福，他們是被愛護的對象。對於神，安息日要顯明神關愛世人的心意，故此，人守安息日是表明他們對神的尊重，而不是對規條的尊重，以至死守規條。

A. 愛護人

在安息日的衝突中，耶穌多次用牲畜來與人作比較。祂指出，在安息日，人仍然會善待他們的牲畜，當牠們有危險和有需要時，主人仍然會愛護牠們，照顧牠們的需要和將牠們從困境中解救出來。祂進一步指出，人的價值要比牲畜貴重得多，故此，在安息日，人的需要更應受到重視，他們的困苦更應及早得到解救。

在安息日，我們仍應當體恤人肉體的需要，而饑餓和疾病都反映出人肉體的需要，滿足人的需要是理所當然的。而當耶穌在安息日遇到那些在疾病中深受痛苦的人時，祂向他們表達愛心，及早幫助他們脱離痛苦亦是完全合理的做法。安息日是顯示神對人的愛護，因此，耶穌在安息日便以具體的行動來表達祂對人的愛。

B. 尊敬神

安息日的另一個重要的作用，是要讓人記念設立安息日的主。神雖然是以誡命的形式來設立安息日，但是，誡命並不是安息日的中心。安息日的中心是設立它的神，以及神設立它的目的。與耶穌衝突的法利賽人可能以為自己是在守神的安息日，但是他們實際上是在守安息日的規條。而他們熱心守安息日的規條到一個地步，竟然連安息日的主人亦要殺掉，這真是守安息日的規條者的最大荒謬和諷刺！耶穌對安息日的提醒是，守安息日的人要先分辨清楚誰是安息日的主。當他們認定誰是安息日的主之後，他們便得按照這個主的心意去守安息日。

五 總結：對安息日神學的幾點看法

安息日的重點不是誡命和規條。故此，以守誡命和規條的心態來過安息日的人，他們並不是真的在尊重安息日。因為他們根本不了解安息日的根本意義，就像福音書中那班法利賽人和文士不了解安息日一樣。

安息日的重點其實是人類生命本身。安息日是為了保護人的生命而設立，正如耶穌所說：「安息日是為人設立的，人不是為安息日設立的」(可二27)，故此，一切令生命變得豐盛的行為，在安息日都可以作：餓了的人可以在安息日掐麥穗充飢；被疾病折磨的人可以在安息日被醫治，脫離痛苦；被鬼附的人可以在安息日被趕鬼，得著釋放。

因此，一個尊重人、重視基本人性的人生，便是一個尊重安息日的人生，便是一個活出安息日意義的人生。

反之，一個人若不尊重別人、若不重視別人的基本人性，他便是一個違反安息日的人，安息日便是在定這些人在犯罪。縱然，那日不是安息日，只是一周中任何的一日，這樣的人，仍是犯了安息日。

安息日的重點是人類與神的關係。安息日是要激發信徒的心，去思念神的美善。這位設立安息日的主，是為了人的好處而設立安息日。祂是為了憐恤人而設立安息日。故此，安息日是要提醒人去享受與神的關係，而不是去背負重擔。

最後，我們可以如此來理解安息日：安息日不單單是一個日子；**安息日更是一種心態，安息日更是一種人生的態度。**實踐安息日是由人的內心開始、是由人的生命開始，然後，這種安息日的生命便能成為別人的祝福，以及叫安息日的主得著榮耀。

註釋：

1 希伯來書三章和四章似乎多次提及安息日，然而，那一個詞的意義不是安息日，而是安息日的安息。所以，那裏要討論的，並非安息日的問題，而是安息的問題。

2 William L. Lane, *The Gospel According to Mark* (Grand Rapids, Mich.: Eerdmans, 1974), 114～115；另參Robert H. Gundry, *Matthew: a Commentary on His Literary and Theological Art* (Grand Rapids, Mich.: Eerdmans, 1982), 222，他對馬太福音的平行經文亦提到了類似的看法。

3 M. Shabbath 7:2; TJ Shabbath 7:2, 9c; CD 10:14～11:18；參 Lane, *The Gospel According to Mark*, 115, n. 80；Gundry, *Matthew*, 222。

4 參 Lane, *The Gospel According to Mark*, 114～115；及 Gundry, *Matthew*, 222，對馬太福音平行經文的解釋。

5 I. Howard Marshall, *The Gospel of Luke: a Commentary on the Greek Text* (Grand Rapids, Mich.: Eerdmans, 1978), 231；他提到記此禁例的法利賽人的法典是 Peah 8:7。

6 M. Yoma 8:6.

7 參 R. T. France, *The Gospel According to Matthew: an Introduction and Commentary* (Leicester: InterVarsity Press/Grand Rapids, Mich.: Eerdmans, 1985), 204；Gundry, *Matthew*, 226。

8 參 Marshall, *The Gospel of Luke*, 558。

9 France, *The Gospel According to Matthew*, 205.

10 D. A. Carson, *The Gospel According to John* (Leicester: InterVarsity Press/Grand Rapids, Mich.: Eerdmans, 1991), 244；參 M. Shabbath 7:2; 10:5。

11 參 Carson, *The Gospel According to John*, 367；另外 Raymond E. Brown, *The Gospel According to John I-XII* (Garden City, N.Y.: Doubleday, 1966), 373 亦提到類似的看法；另參 M. Shabbath 7:2。

12 參 Gundry 對太十二1～8的解釋，不過，他似乎過於關注門徒「飢餓」與大衛及跟從者的「飢餓」之間的實質平行，反而對由此帶出的「沒有犯安息日」的看法，沒有作出適當的關注，參Gundry, *Matthew,* 221～223。

13 Marshall, *The Gospel of Luke*, 235.

14 Lane, *The Gospel According to Mark*, 119.

15 Lane, *The Gospel According to Mark*, 120.

16 參 Gundry, *Matthew*, 224；Marshall, *The Gospel of Luke*, 232～233；Lane, *The Gospel According to Mark*, 120。

17 參 Lane, *The Gospel According to Mark*, 120。

18 參〈他勒目與米大示（Talmud and Midrash）〉，載《聖經新辭典》下冊（香港：天道書樓，1996），頁663～664。讀者可以透過這篇文章對米示拿有一個基本的認識。

文化及神學篇

5

精義與實踐——禪宗的開悟與安息日的意義

蘇遠泰

一 安息日：舊約的殘留？

守安息日是猶太人的宗教誡命，在新約裏主耶穌和使徒亦有守安息日的習慣，他們會到會堂聚會、讀經和講解聖經。在初期教會，巴勒斯坦的教會仍持守安息日，而外邦教會由於沒有了猶太傳統的包袱，放棄守安息日是可以預期的，雖然到了三世紀仍有部分教會在守安息日，但逐漸地以主日(Lord's Day)[1]的敬拜代替之。[2]

究竟基督徒是否需要守安息日呢？這基本上涉及我們如何釋經的問題，特別與教會如何詮釋舊約有關。葛瑞爾(Rowan A. Greer)指出，新約的作者和初期的教父為了建構基督宗教是猶太教的承傳、基督是以色列人盼望的實現、基督的復活實現了希伯來聖典(Hebrew Scripture，即舊約)的預言等等，他們以新約的福音為原則，重新解釋希伯來聖典，既反對猶太教和諾斯底主義的詮釋和宗教實踐，又證明基督與教會的合法性。[3]應用在安息日一事上，即基督宗教需重新詮釋安息日的意義，好使這條原本屬於猶太人的誡命具有延續性，亦叫新約教會在踐行上帝的旨意上代替猶太民族，而所緊守遵行的不單是叫人死的儀文，卻是安息日的精義。

因著不同人有不同的釋經前設、角度、方法、傳統和喜好，今天的基督徒對安息日的態度亦迥異。例如較極端的是在美國的孔桂成牧師，他基本上認為新約已完全替代舊約，安息日不過是主日的影兒，故此基督徒作為真以色人和蒙應許的後裔，已經「從舊約的律法中自由出來」。[4]丁良才(F. C. H. Dreyer)牧師認為安息日是上帝特別為以色列人而設，與新約教會(尤其是外邦教會)無關；[5]亦不贊同主日是安息日的新約延續，因主日不是由安息日蛻變而來，而是信徒因基督救贖的喜樂而自發地訂立的。[6]當然，亦有人認為安息日不是舊約的殘留，反而是上帝所設立的永恆誡命，基督徒有義務擁護和遵守。例如，麥約翰(John Murray)教授認為安息日是上帝六日創造後所設立的聖日，既然基督徒從創造的秩序中承認一夫一妻、生養眾多和管理大地等等的規定，理所當然地需要接受守安息日同樣是上帝在創造之時的制定，效法上帝在創造時的榜樣。[7]而唐慕華(Marva J. Dawn)則從屬靈操練的角度強調守安息日的重要，因安息日可以叫我們停下來，身心靈得到休息，從而可以擁抱和享受生命中的各方面的真正意義，正如她說：「我們可以停下來，嗅一嗅花香，欣賞地跳進樹叢中，欣賞世界的色彩、歌曲和構造，從心靈深處中呼喊，從靈魂最深的休息中歡笑，因我們的神的美善而歡呼。」[8]

但絕少基督徒會認為，今天我們需要像猶太人般按照舊約字面和猶太傳統來守安息日，所守的亦無須是七日的最後一日。例如麥約翰指出安息(日)的休息(Sabbath rest)不是指停止工作，因為父上帝和主耶穌亦作事直到如今(約五17)；[9]信徒務要尋找上帝設立安息日的本意，並發掘在新約的亮光下，安息日的真正意義。[10]唐慕華認同守安息日不是教條式的責任，信徒需要的是停止一天的工作，享受真正的安息；[11]選任何一天也可以，要緊的是確保每隔七天便有一天安息日的規律，她就是以禮拜日(主日)來踐行安息日的。[12]

利未記二十四章8節說，安息日是上帝與以色列人所立的「永遠的約」，而教會就是真以色列的承繼者(羅十一11～24)。假若我們認為安息日對今天的基督徒來說還有意義的話，筆者認同需要對安息日的意義進行詮釋，務求尋找內中的精義，好使基督徒雖然沒有效法猶太人遵守安息日的條文，但卻能夠真正踐行安息日之所以設立的意義。另外，當我們尋得安息日的精義後，是否代表我們可以完全廢棄所有的儀文呢？哥林多後書三章6節下(「因為那字句是叫人死，精意是叫人活」)是一段很容易遭濫用的經文，獲得了精義就可以拋掉條文，豈非陷墮一種「條文vs精義」的二元對立(dualism)中？難道上帝在舊約所訂立的條文，真的因為我們今天在新約的亮光下尋得真意(精義)就被廢去？還是，條文和真意起著相輔相成的功用？

本文往下部分先討論安息日的義理部分：進入聖經裏，看看聖經是如何教導安息日的精義。隨後，探討安息日的實踐部分：主要思考條文與精義之間的關係，嘗試突破「條文vs精義」二元對立的局面。筆者在這課題上，嘗試借助中國禪宗的開悟體驗和教導方法，來肯定「體用相即」的道理：要真正實踐安息日，「適當的」條文是不必排斥的。

二 舊約所設立的安息日

德雷斯勒(Harold H. P. Dressler)指出，雖然創世記記載上帝在六日創造後，定第七日為聖日，但有關安息日的教導要到出埃及記十六章22至30節及下，才明文規定，成了歷世歷代以色列人必須遵守的誡命。[13]在曠野期間，六日中以色列人可以到外邊收取口糧(嗎哪)，第六日要收取雙份，因到了第七日(即安息日)，沒有人可以外出工作(出十六22～30)。在十誡中規定任何人「無論何工都不可做」，為要叫人效法上帝的創造和安息；亦提倡一種人道主義立場，讓牛驢、婢女的兒女和寄居的人可以在安息日休息舒暢，叫以色列人記念自己亦曾經為奴，上帝如何把他們救拔(出二十三12；申五12～15)。[14]在安息日裏，規定甚麼工都不可作，做工的必被治死，甚至連家務也不可幹(出三十五2～3)。當以色列人日後到了應許之地，就算在分秒必爭的收割日子，亦要緊守安息日(出三十四21)。而出埃及記三十一章12至17節更嚴厲地命令，凡在安息日工作的，必從民中剪除，必要治死。及至以色列人進入迦南和後來被擄回歸，雖然他們有人已脫離務農而開始經商，但先知和領袖按律法的精義，在安息日不許民眾作工，包括擔擔子、作買賣(耶十七21～22；尼十三15～22)。

以上的經文說明安息日是上帝親自設立的，被上帝定為聖日，需要有聖會。但為何上帝要設立安息日呢？經文表明至少有兩個原因：(1)創造的原因：上帝在六日內創造天地，在第七日安息，安息日是記念上帝的創造和安息；(2) 拯救的原因：所有在以色列居住的人，不論種族，自主或為奴，甚至包括牲畜和土地，都可以在七日裏有一天享受安息，以記念上帝把以色列人從埃及為奴之家拯救出來。

值得注意的是，在利未記十九章3、30節和二十六章2節中，上帝要求以色列人「守『我』的安息日」，這個「我」字表明，安息日是屬於上帝的，它既由上帝親手設立，又應按上帝的心意來遵守。另外，利未記十六章31節和二十三章32節均吩咐以色列人要「刻苦己心」，亦表明在安息日裏，人要謙卑自己、否定自己，單尊主為聖。而在以賽亞書五十八章13節中，先知提醒以色列人在安息日不要作心所喜愛的事，不辦私事、不隨私意、不說私話，並稱耶和華的聖日為可尊重的——筆者相信，「安息日是屬於上帝的，而人應該放下自己」這個觀念，正是尋找安息日的意義的關鍵之一。

三 新約論安息日：人本主義抑或神本主義？

在新約裏討論安息日意義的經文，主要集中在福音書內，其中，尤其凸出的課題是，法利賽人往往認為耶穌或門徒犯了安息日，即代表耶穌和猶太人對守安息日應該有甚麼心態、甚麼可以幹甚麼不可幹，均懷著很不同的標準。在福音書的記載中，筆者認為馬可福音二章23節至三章6節的經文，是探討安息日意義的核心，[15] 原因是：

1. 這段經文包含兩個敘事，討論了安息日的意義及甚麼可作甚麼不可作，內中記載了一段主在安息日治病的經過，大致涵蓋了其他經文的內容；

2. 類似的記載同時出現在其他兩卷符類福音書內(太十二1～14；路六1～11)，表明這段敘事的重要性；
3. 內中記載了一段探討安息日意義很重要的話，暫且稱為「金句話」：「安息日是為人設立的，人不是為安息日設立的。所以，人子也是安息日的主。」(可二27～28)

從這段經文尋找安息日的意義，大致上有兩種觀點，一種可以稱為「人本主義」的立場，另一種則是「神本主義」的立場。往下部分，筆者嘗試簡單地分析這段經文，然後逐一介紹這兩種觀點的理據。

1. 簡單的經文分析[16]

事情的起因是耶穌和門徒在安息日從麥田經過，門徒可能因為飢餓的緣故，掐了麥穗來吃。按舊約的規定，以色列人可以在鄰舍的田地用手摘麥穗，只要不用鐮刀割取就可以了(申二十三25)。因此，法利賽人批評門徒「做不可做的事」，不是指門徒在別人的田間掐麥穗的空間問題(偷竊)，而是他們在安息日作此事的時間問題(犯安息日)。法利賽人看似是斥責門徒，實質是批評默許、甚至是教導門徒如此作的耶穌。[17]

耶穌面對法利賽人的指控，以兩個比喻來回應：其一是大衛和跟隨他的人在逃難時吃了只有祭司才可吃的陳設餅；另一是只有馬太福音記載的，祭司在安息日需要在會幕／聖殿格外工作(民二十八9～10)，但仍不算為犯上安息日(太十二5)。莫里斯(Leon Morris)解釋，當耶穌在第一個回應上以「你們沒有念過嗎？」來質詢法利賽人時，主是以當時拉比慣用的「輕與重」(the light and the weighty) 教導法，指出連不可吃的陳設餅也可以因為別人的飢餓而破例食之，何況門徒不過因飢餓的緣故，在安息日掐人人可拾取的麥穗來充飢而已。[18] 隨後，耶穌對法利賽人説明了「安息日是為人設立的，人不是為安息日設立的」，帶出人的需要比守安息日的條文重要。

三卷福音書在此事之後，同樣記載耶穌在安息日進入會堂，[19] 法利賽人由於疑惑耶穌對安息日的見解，所以以「安息日治病可以不可以？」來窺探耶穌。耶穌明顯不怕中計，竟然公開地、在眾目睽睽下，醫治了一個枯乾了手的病人，還教訓法利賽人在安息日行善不單可以，還是應該的，因人的生命是何等寶貴(太十二12)。[20] 此事最終惹來法利賽人非常不滿，聯同希律一黨的人，商討如何除滅耶穌——福音書的作者諷刺地表達，原來真正犯了安息日的，是那羣起殺機的法利賽人。

2. 人本主義

丁良才牧師指出，在法利賽人眼裏，安息日的條例比人的需要為大，而耶穌的舉動，正要顛覆法利賽人的價值觀，顯明人的需要比安息日的條例為要緊，而安息日的意義就是上帝為幫助人而設立，而非為纏繞人。正如大衛的比喻，表明「補足人的需要比遵守儀文的條例更重要」。[21]

如此理解安息日的意義有聖經的支持，例如「金句話」的上半部分：「安息日是為人設立的，人不是為安息日設立的」，顯明人比安息日重要，人是主角／主體，安息日不過是為了人的好處而設立的配角／客體；耶穌徵引何西阿書六章6節

(「我喜愛憐憫，不喜愛祭祀」)，同樣表達上帝喜悅的，是我們憐憫別人的心，勝於我們如何緊守祭祀的儀文。當然，我們不應把人的需要與守安息日，以及憐憫與祭祀對立起來，好像兩者總是非此即彼；它們應該有優先次序，但絕大部分時間可以是並存的。

莫里斯從主在安息日醫治枯手的人的敍事中指出，遵守安息日的意義就是「憐憫」(mercy)：當一個需要醫治的人在安息日站在會堂內，耶穌不懼怕地醫治他，理由是猶太人亦會在安息日救出一隻掉在坑裏的羊，人豈非比羊更貴重嗎？豈不更應馬上醫治有需要的人嗎？[22] 因此，「在安息日做善事是可以的」(太十二12)，正表明上帝愛世人的心，以世人的需要為尚，而不是要求人死守條文，精意是：在安息日行善事是完全合法的(lawful)。

正如不少學者也指出，猶太人的安息日律例其實並非真的一成不變、冷酷無情，他們是允許在安息日醫治患上急症、生命有危險的病人——法利賽人同樣有人本／人道主義的立場。[23] 故此，不難明白，當耶穌公然醫好那個枯乾了手的病人時，為何法利賽人要密謀除滅祂，因為羊掉下坑屬於緊急事件，所以可以施行搶救，但那個枯乾了手的人並非急病，沒有即時的生命危險，為何不多等一日呢？正如路加福音十三章10至17節所記載的，當耶穌在安息日醫好一個駝背的女人後，那個管會堂的人氣忿忿地對眾人說：「有六日應當做工，那六日之內可以來求醫，在安息日卻不可！」為何耶穌常常喜歡在安息日、還要在公開場合醫治一些非緊急的病人呢？(例如在安息日醫治三十八年的癱子、生來瞎眼的人、患水臌的人等等。) 這明顯違反當時猶太人的律例，亦必然破壞與法利賽人的關係(如果有的話)。

讓我們以一個現代的處境為例：今天不時在崇拜過程中聽到不少手電的響聲，如果因某老姊妹的手電響著，而牧者當面當眾「提醒」她，不是在事後在暗處「提醒」，相信大家都會認為牧者可以有更好的處理方式吧，因如此，既對這個姊妹沒有幫助，更可能因為尷尬、羞辱的緣故，往後跟牧者的關係(如果有的話)變得惡劣。何況，卡森(D. A. Carson)提醒我們，大衞所犯的不是安息日的誡命，而是任何人也不應作的事，因為只有祭司才可以吃陳設餅。[24] 為何大衞可以做誡命規定不可做的事呢？只是因為人道主義原因嗎？還是，他可以如此作，是上帝特別允許的呢？

3. 神本主義

此立場認為，福音書的作者強調的不是安息日的人道主義立場，而是耶穌(人子)[25] 是安息日的主(「金句話」的下半部分)。莫里斯指出，「安息日的主」中的「主」，代表耶穌在安息日有至高無上的權威(Supreme Authority)，祂有絕對的主權定義安息日可以作甚麼不可作甚麼，又應該怎樣踐行安息日。[26] 又正如摩根認同，耶穌有完全的主權照所願意的去使用安息日，因祂就是安息日的主。摩根還代耶穌說：「我所作的是合理的，因為那是我作的；我的門徒所作的是合理的，因為他們是在從事我的工作。」[27]

嚴守安息日的誡律不是絕對的，不是真的人人甚麼工也不可作，正如耶穌以祭司在安息日要加倍工作為喻，表明誡律雖然重要，但在此有比誡律、比守安息日更重要的，就是作為安息日的主的耶穌。人應當尊崇祂，聽祂的命令，因安息日是屬於主、屬於上帝的聖日，安息日是記念上帝的創造和拯救的大日子。故此，岡德里(Robert H. Gundry)認為整個討論的重點，不是在於安息日的人道主義功能，而是耶穌在安息日的主權問題；先肯定耶穌在安息日的主權，然後祂才以安息日的主的身份，宣告人道主義的心意。[28] 正因耶穌並非一個普通人，而是但以理書七章13節所說的「人子」，耶穌就不單因安息日而得到益處(「安息日是為人設立的」)，祂更是安息日的主，可以容讓祂的門徒挑戰安息日的誡律，正如岡德里說：「28節的主權，遠遠超越27節所說的獲益。」[29]

如果我們接受安息日的意義就是確立「耶穌基督是安息日的主」，祂有絕對主權宣告安息日的新守則和意義，那麼，神本主義的詮釋是否與人本主義的詮釋相衝突呢？其實兩者並無衝突，因為人本主義立場是由主耶穌親自設立和實踐的；只是，兩者有體用之分，神本主義為體，人本主義為用，神本主義是人本主義的基礎。

另外，當確立了神本主義或人本主義的意義後，安息日的律例就需要廢除嗎？條文與精義是對立的嗎？如果是，為何連耶穌和使徒仍守安息日呢？如果否，守安息日的條文還有甚麼意義？往下部分，筆者嘗試以中國禪宗的開悟體驗和教導方法，特別是「平常心是道」、對機的方便施設和「不離世間而得覺悟」的精神，來幫助我們思考如何實踐安息日。

四 禪宗的開悟

1. 中國禪的特色

「禪」是梵語 *dhyāna* 的一半音譯，全譯是「禪那」，原指一種特定的坐姿、精神高度集中的鍛鍊，令心專注而不傾動，故又稱為「定」或「禪定」，作用是調伏人的感性／知覺活動，例如呼吸、鬆弛、自在、(控)制感(覺)，使五根(眼、耳、鼻、舌、身)的活動不向外追逐，收攝回來，注意自己，即一般所說的「冥想」(meditation)。[30] 這是印度所著重的禪，屬於一種靜坐方式；但當禪來到中國，禪的意義亦隨著中國文化的取向而有所改變：由靜坐觀想到呵佛罵祖，由結跏趺坐到行住坐臥皆是禪，由依經教行到「教外別傳，不立文字，直指人心，見性成佛」——正如日本禪學大師鈴木大拙所言，中國的禪宗已不多講佛教的「因緣觀」、「四聖諦」或「八正道」了。[31]

正因禪發展至中國，已變成是一種智慧，而非知識、技藝、話頭，甚至思考；它是一種生活，一種生命智慧的展示，一種實用的精神訓練，而不是一種形上學的學術討論；它是一種追求「真實」、「如實」的智慧，而非著重讀佛經和唸佛名，因此禪可以不一定要屬乎佛教的了，它已超脫某一宗教的藩籬，成為眾人放下偏見／前見(prejudice)，體證事物如其所如(suchness)的生命智慧。怪不得在不少中國佛教禪宗的記錄和公案中，竟然出現禪師呵佛罵祖，例如記載天然和尚燃燒佛像取暖的故事，臨濟禪師大罵無位真人(即菩薩)是甚麼乾屎橛。[32]

2. 禪的開悟

佛教要處理的問題是為何人間有苦，答案在於世人執著事物的常住性，以為萬物都有不變的自性／本質，誰不知變幻才是永恆。原來，人與世間萬物都不過是存有(佛教稱為真如、法)的呈現，但人卻起了分別之心，從而與世間事物樹起主客二分的對立局面，執取自我名為「我執」，執取萬物名為「法執」。禪宗所追求的，不是鑽研佛經以求解脱，而是體驗佛祖所體驗的，即以一種般若智慧，洞悉萬物的「本來」面目——這種追求，禪宗稱之為「悟」。

悟可以是很簡單的，亦可以很複雜。説它是簡單的，因它不過要求我們「如實地」觀照人自身和世間萬物，不執取以為實有，亦不執取以為虛幻，正確地如其所如地經驗事物。但這種經驗正是我們常人所缺乏的，甚至是背道而馳的，所以對一般人來説，悟又是十分複雜和困難的事情。正如鈴木大拙以為，悟是一種極端的經驗主義(radical empiricism)，指如實地看待人生和世界，而非依照一己的看法去解釋它們。因此，禪是一種絕對自由的境界，只有在我們完全不以自我中心的念頭解釋人生，並以本來的樣子看待世界，就像鏡子之映花為花，映月為月時，始可達到如實觀。[33] 因此，禪宗一般不信任理性與語言，更往往認為理性與語言是叫我們不能如實地觀看世界的主因。悟就是對於萬物的本來面目所得的一種直覺或直觀的透視，與分析上的或邏輯上的理解正好相反。得悟後，一個新的境界展開了，而這正是慣於二元對立的心靈一直未能體會得到的一種世界實相，在此間，一切的對立和矛盾悉皆融和而成一種表裏如一的有機整體了——對今天的我們來説，這是神秘的，但在禪師們看來，這只不過是日日皆行的家常便飯而已。[34] 讓我們以蘇東坡一首富有禪意的詩來加以説明：

廬山煙雨浙江潮，未到來時恨不消；
及至到來無一事，廬山煙雨浙江潮。

按霍韜晦的解釋，當人未到廬山和浙江之前，有種種想像、種種猜測，其實都不過是自己的主觀臆測，但卻執取以為是如此這般，一旦親自抵達現場，才徹底明白：甚麼是廬山煙雨，甚麼是浙江潮，從而便不用多講了，因為語言、概念、猜想都不能代替存有——存有永遠超過語言和思想的規限。[35] 最初對廬山和浙江的認識、猜想只停留在思想上，有一種不到黃河心不死的執著。但當真正接觸後，便真正能體現廬山煙雨和浙江潮了，當下的體驗是最真實不虛的，自己對廬山和浙江的圖像根本不是真像，原來所想所望的根本不是那回事。但問題是，又有幾人可以真正的從當下的體驗裏看出廬山真面貌呢？讓我們在此再看一則公案：[36]

> 趙州因僧問：「某甲乍入叢林，乞師指示？」州云：「吃粥了也未？」僧云：「吃粥了也。」州云：「洗鉢盂去。」其僧有省。

從趙州禪師看來，最高的真理就在最平凡的生活中：吃完粥之後做甚麼？正如霍韜晦所說，當然是洗碗，這是規矩、這是秩序、這是責任、這是道理，而且是顛撲不破的道理。它是如此現成、如此真切、如此親近，不必討論。吃完粥就去洗碗，這就是生活的秩序，秩序就是佛家所說的「法」，亦即真理。[37] 禪就是認識自己的責任，主動去做、樂意去做、自在去做，沒有所執，亦不捨棄世間——這亦正是著名的禪師馬祖道一所說的「平常心是道」，真理在平常的生活裏已可體證的意思。

3. 禪的教法

禪宗對基督徒來說最凸出的地方，相信就是禪師的教法。禪本身是一種修行方式，原屬於方法論的範疇，但基於其「體用相即」，禪又是尋找究竟真理，從而達到開悟人生的目標。從禪宗看來，任何語言、概念、教相，至多是「指月之指」，為了方便眾生得悟的緣故，禪師用來作為指向目標（月亮）的途徑（手指），但並非目標本身。禪宗批判理性主義，批評分別的心，認為只有通過轉換方法，不再使用理性，不再二分，離開語言，不再依賴任何媒介或工具，而直接躍進生命，與真實相擁抱，與存有相擁抱，才是得悟之人。[38] 但如此並不是要完全否定語言、概念、教相，雖然這些最終都是要被捨棄，但沒有了這些，禪師亦無法把禪傳達於人。正如吳汝鈞所說，雖然禪宗說「不立文字」，但歷代禪師所留下的文獻，較其他佛教宗派（天台、華嚴、唯識）還要多幾倍呢！[39] 因此，「不立文字」不是真的要完全捨棄文字，而是不被文字所限制和束縛，妨礙了如實觀照的心；沒有了指月之指，恐怕連月在哪裏也不能告訴別人。

但禪師使用語言的法則又往往與一般的不同，而是自由自在地使用語言，甚至是創造性地使用語言，並不遵守語言的規範，為的是針對當下的人，藉著語言、動作、呼喝，在求道者心裏產生啟迪的作用。正如鈴木大拙說：

> 對於禪師而言，語言只是直接出自內在精神經驗的一種感歎或呼叫。若有意義可尋的話，則意義不在此種表現的本身，而是在覺悟同樣經驗的吾人的內心之中。因此之故，當我們瞭解禪師們的語言時，

我們所瞭解的就是我們自己而不是反映理念的語言的意義和被經驗到的感覺本身。[40]

因此，禪師喜歡採用「公案」來教導學生。「公案」本是指公府的案牘，禪宗借用來指前代祖師與僧徒之間具有禪機的問答和敘事；而設立公案，為要藉這些問答和敘事，啟發參禪者，使他們超脫文字語言，放棄一貫的偏見和執取，直接體會禪的如實觀智慧。[41] 讓我們以韶州雲門禪師一則公案來加以說明：

韶州雲門禪師有一次問他的僧徒：「我不問你們十五日以前如何，我只問你們十五日以後如何？」這句話一下子把眾僧徒問倒了，無人能夠回答，禪師便說：「日日是好日。」

一個月的第十五日有甚麼決定性呢？為何老師在十五日前不問，在十五日後才問？當眾僧徒不知道老師問些甚麼時，他們一下子呆了。難道因為十五日是花好月圓，因而心情開朗，萬事順境？[42] 還是因為十五日通常是僧團的布薩（即佛教教團的定期聚會），需誦戒懺罪？[43] 但雲門禪師突然說出一句：「日日是好日」，表明十五日根本不是甚麼重要的日子，僧徒執取十五日是否特別重要，是未明禪是在最平凡的生活中體驗，不是甚麼特別的時間、空間、場景尤其合適來修禪，而是平常心就是道。禪就是生活，生活就是禪；禪不會改變我們生活的內容和方式，而只是轉化我們的心，由煩惱心轉為平常心、智慧心，讓我們如實看見世間的實相。

4. 見山是山

在此，讓我們思考禪宗一個著名的公案，是青原維信禪

師的「見山是山」：[44]

> 未參禪時，見山是山，見水是水；及至後來親見知識，有個入處，見山不是山，見水不是水；而今得個休息處，依前見山只是山，見水只是水。[45]

此公案可代表參禪者的心路歷程，雖然眼前的事物依然，但對事物的觀照提供了「翻兩翻」的智慧。

第一階段是「見山是山」：這是一種常識性的認識，看見山就執取以為山是常住不變的，按佛教所説即以為山有自性，山就是山，昨天看到的山和今天看到的沒有兩樣。但當參禪者繼續修行時，開始有一個真知見，有一個切入點，明白事物本無自性，山亦不過由許多不同的條件組合而成(因緣和合)。第二階段是「見山不是山」：這當然不是從邏輯上或物理上説，否則便不可解；而是説：當見到同一座山時，不再執取山是不變的，山並沒有自性，山跟世上其他事物都不過由因緣和合而成，其體都是空。條件變化，山亦變化，昨天所看見的山，已非今天在面前的山了。故此，不應執取山就是山，山可以與水融合。[46]

按佛教的觀點，第二階段是可以看見事物的實相，佛理精義的所在是看穿事物不是永恆不變，沒有必然如此存在的基礎，事物之間是圓融無礙地存在著。但假如停留在此階段，修禪者便容易流於虛無、甚至不切實際；難道我們可以把山看為水，把水看為山嗎？即使從佛理的思想上看是有此可能，但從現實的生活裏，卻不可以，因當我們口渴時，相信沒有人會從山上拿一塊泥土來解渴的！

修禪者由此停下來，回歸現實的安息，第三階段是「見山只是山」：禪宗一向強調是現實的生活，在生活裏獲得真理，覺悟並不離開世間。山仍是山，不會變成水。但不同於第一階段，如今已不執取山就是山，知道山並沒有自性，但山又不是虛幻不真的，山確實存在，山還在不斷向我們呈現它的實相呢！此階段正是否定山的自性，但又不超離世間，仍肯定眼前所見的山的存在。[47]

5. 耶穌是一個禪師？

某些進行耶佛對話的學者發現，主耶穌不少教導，正像一個中國禪師般，盡顯禪機。例如莊士敦（William Johnston）與門脇佳吉（J. K. Kadowaki）同屬耶穌會的神父，他們均指出耶穌在不少場合的表現，直像一個智慧的禪師，以不同的方法、語氣、態度來使聽眾得明白真道。[48] 例如，「驅耕夫之牛，奪飢人之食」之類的話，是禪師喜歡採用的語句；而耶穌亦常說：「凡有的，還要加給他，叫他有餘；凡沒有的，連他所有的，也要奪去。」（參太十三12，二十五29；路八18，十九26）又說：「有許多在前的，將要在後；在後的，將要在前。」（參太十九30，二十16；可十31；路十三30）

當然，這不是說耶穌是一名佛教徒，或說耶穌在教導佛教的道理，正如在前面已提及，禪並非單屬於某個宗教的；而是指出耶穌在教導門徒和眾人的手法上，往往採取像中國禪師的不尋常方法，針對別人的需要，以方便施設諸般智慧，切中對方的真正問題，以期對方能有所啟悟。例如，當法利賽人侮辱耶穌是靠鬼王別西卜趕鬼時，耶穌以嚴厲的態度說：「不與我相合的，就是敵我的；不同我收聚的，就是分開的」(太十二30);但對奉主的名趕鬼卻又不與耶穌同行的人,耶穌卻寬容地說:「不敵擋我們的,就是幫助我們的」(可九40)。從而可見,耶穌往往因應不同的對象和場合,說出針對性的教導。無怪乎耶穌總是喜歡在法利賽人面前挑戰他們的安息日觀,刻意並公開地醫治病人,犯了法利賽人以為的安息日條例——耶穌正是藉著激烈的手法,叫法利賽人可以有所啟悟。

五 安息日的精意與實踐

討論至此,讓我們嘗試總結安息日的意義和如何實踐。往下,筆者將以類似「見山是見」的進路,結合中國禪宗的一些思想,來思考上述的課題。

1. 安息日是安息日

上帝在舊約訂立安息日,為要以色列人記念上帝的創造和拯救工作,把七日的最後一日定為聖日,甚麼工都不可作,甚至連家務也不可,為叫人降卑自己,停下手上的工作來思想上帝的作為,以感恩的心敬拜上帝,歸榮耀給上帝。祭司的工作因是在會幕或聖殿服侍上帝,正正滿足了安息日的目的,因此,雖然他們是加倍工作,但仍不算犯了安息日。

法利賽人持守安息日,以安息日為安息日,原是可嘉的,但他們只看見安息日設立的表層意義,把誡命看為絕對和神聖不容侵犯,彷彿安息日就是自足和絕對的,守安息日的規律亦成了絕對,執取安息日的誡條,反而喪掉了安息日的意義,竟然在安息日裏想除滅耶穌,破壞上帝的創造和拯救,實未算在踐行安息日的意義。

2. 安息日不是安息日

正如從事耶佛對話研究的學者堅能(John P. Keenan)所言，耶穌在馬可福音二章23至27節是要空卻猶太人的傳統和摩西的律法，為要人知道上帝設立安息日是叫全體以色列人在安靜中察覺上帝，並在主裏享受安息；又叫人醒察神聖的禮儀本身是空的，思想建構出來的終極真理必須最終被解構。[49] 其實，舊約所訂立的安息日不過是指月之指，並非終極真理，不過是引人歸向和敬拜上帝，以上帝為本、為生命之主的途徑，安息日的精意是尊主為大、尊主為聖。因此，耶穌就是安息日真正的主，祂是安息日之所以設立的原因，為的是讓我們知道主耶穌是創造和拯救的主，安息日之所以具有意義，全在乎祂。安息日並沒有本然的意義，更沒有必然存在，它的存在不過是由於上帝的設立；手指為要指引人看見月亮，當看見月亮，手指亦功成身退。耶穌要指出，真正的安息日並非法利賽人心裏所認為的安息日，安息日的意義是由主耶穌賦予的，而耶穌亦在經文中凸顯人本主義立場的重要性。像中國禪宗所強調的「體用相即」，人本主義(用)是由神本主義(體)所設立和肯定的，兩者相即不離：沒有了人本主義的實踐，即非踐行神本主義的順服；沒有了神本主義的基礎，人本主義亦失了終極的意義。

耶穌的表現像一位禪師，祂知道法利賽人的執著：以為死守條文就是正確，耶穌對機地指出，如果當人餓了就吃，而當羊下了坑，我們就自然搶救，那麼，當看見有需要的人就馬上盡力幫助、救援他們，豈非自然不過的事嗎？耶穌以直接的方法，使法利賽人當下了悟安息日的意義，就是挑戰、拆毀他們原有的意念，安息日的條文並非真理，何須執著而陷墮殺人的試探呢！「金句話」明顯有違法利賽人的邏輯，表明人才是上帝看重的，安息日不過為人而設，而現在站在法利賽人面前的，正是他們在安息日要敬拜的主。耶穌的表現是自由自在的，當人有需要時，祂當下就醫治別人，把鬼趕走；律法並不比主大，安息日的誡命亦需伏在安息日的主面前。

如此，只要人轉化自己虛妄的心，尊主為聖，盡心盡性盡意盡力愛上帝，記念上帝的創造和拯救的工作，效法上帝，並在日常生活中，在世間創造美好，愛人如己，幫助、救拔有需要者，那麼，日日都可以是安息日。

3. 安息日仍是安息日

當日日都可以是安息日時，對可以經常保持如此高峯狀態的人來說，自然時時刻刻、行住坐臥均在敬拜上帝。但問題是容易落入虛無，容易失足，脱離了宗教的敬虔；更害怕成了野狂禪，以為自己真的已經得著了。

耶穌和使徒當然明白安息日的真意，在他們心裏，難道日日不都是安息日嗎？但他們仍然以安息日為安息日，在安息日上會堂聚集敬拜上帝。他們是真正的自由自在，不受條文束縛，但又不廢掉安息日的誡命，仍守安息日。條文設立的本意精神，為叫我們通過遵守條文的規定，學習和操練自己可以分別為聖，尊主為大。他們不執取誡命，但又不廢掉誡命，反而是成全誡命。但如此的誡命已不是條文死守下的誡命，而是能自由自在活出安息日真正意義的誡命，以上帝為聖，把安息日復歸上帝擁有，自己則在安息日上會堂敬拜上帝，又行上帝喜悦的事(醫治有需要者)，當下體驗上帝設立安息日的意義(榮神益人)。

六 結語

究竟基督徒是否需要守安息日呢？筆者以為安息日的條文並非道，何須執著呢？當一切安息日的規限不成規限，人人以真心尊主為聖，任何日子任何方法均可以是安息日的規限，一種無規限的規限，只要當機，用之有效，便是無上記念守安息日的方法。從此不立文字，在猶太教以外別有所傳，就是人子是安息日的主。關鍵當然不在時間，而是在於是否自主、真心地敬拜上帝(神本主義)，又按主的吩咐愛神愛人(人本主義)。

安息日是指月之指，雖非究竟，但卻是可以指向上帝的安排，又是上帝親自設立，故不可輕言廢掉。活在當下、活在秩序之中，是對信徒的生活非常重要的，守安息日豈非可以為信徒提供秩序和操練嗎？學效禪宗所說：「在安息日要作的，就是守安息日，這是自然不過的。」禪宗強調的是開悟，而非與世間斷絕；主耶穌要教導法利賽人的是安息日的真意，而非廢掉安息日。禪強調生活，生活就是禪。禪提醒我們，實踐安息日的精義不會改變安息日的內容和方式，而只是轉化我們的心，由執著的心轉為平常心、智慧心，讓我們如實地看見上帝對安息日的安排，如實地踐行，如實地獲得預期的效果。

希伯來書四章9節說：「必另有一安息日的安息為神的子民存留」，對今天的基督徒來說，因有新約的啟示和教會傳統的指引，我們可以以主日來代替安息日，過尊主為聖、愛神愛人的生活。我們按教會的傳統，以主日來敬拜上帝，弟兄姊妹碰頭見面，學習相親相愛。但不把守主日定為絕對，主日不過是指月之指。因著香港的特殊環境，不少弟兄姊妹從事服務性行業，他們的「主日」未必是星期日，這是無可厚非的，亦知道日日是好日。另一方面，又肯定主日是指向真理之指，對信徒的屬靈生命十分重要，絕不言可有可無！守主日的敬拜是常態，不是出於執取，不是律法主義，而是出於對上帝的尊崇和敬拜，對主日的尊重，對傳統的欣賞，對秩序的認同。筆者期望如此的「第三條路」(the third way)／「中道」(the middle way)，可以有助我們**實踐**安息日的**精義**。[50]

註釋：

1 安息日和主日其中一個明顯的分別是，主日是「七日的頭一日」，而安息日是「七日的最後一日」。

2 R. J. Bauckham, "Sabbath and Sunday in the Post-Apostolic Church", in *From Sabbath to Lord's Day: a Biblical, Historical and Theological Investigation*, ed. D. A. Carson (Grand Rapids, Mich.: Zondervan Publishing House, 1982), 251～298.

3 Rowan A. Greer, "Christian Transformations of the Hebrew Scriptures", in *Early Biblical Interpretation*, ed. Wayne A. Meeks (Philadelphia: Westminster Press, 1986), 126～154。傳統福音派學者蘭姆亦有相近的見解，參蘭姆(Bernard L. Ramm)著，詹正義譯：《基督教釋經學》(Monterey Park：美國活泉出版社，1989三版)，頁23～39。

4 孔桂成：《基督徒與安息日》(三藩市：基督教會，1993)，頁86。孔氏又說：「那舊的約，就是上帝對人類的旨意，到新約，新的意旨行使之前，舊約已挪開，當新的約生效之後，舊約就過去了……」，參頁26。

5 丁良才說：「新約上也沒有一處吩咐外邦人守安息日。」參丁良才(F. C. H. Dreyer)：《論安息日與主日》(香港：證道出版社，1952)，頁46。

6 「安息日是安息日，主日是主日。聖書上始終沒有改安息日為主日的話。」參丁良才：《論安息日與主日》，頁64。

7 麥約翰(John Murray)著，許乾泰譯：《論安息的設立》(紐約：美華基督教會，1966)，頁3～4。

8 唐慕華(Marva J. Dawn)著，陳永財譯：《俗世中的安息日操練——停止、休息、擁抱、享受》(香港：學生福音團契，2003)，頁84。

9 麥約翰：《論安息的設立》，頁10。

10 麥約翰：《論安息的設立》，頁11～15。

11 唐慕華：《俗世中的安息日操練》，頁xii。

12 唐慕華：《俗世中的安息日操練》，頁6。

13 Harold H. P. Dressler, "The Sabbath in the Old Testament", in *From Sabbath to Lord's Day: a Biblical, Historical and Theological Investigation*, ed. D. A. Carson (Grand Rapids, Mich.: Zondervan Publishing House, 1982), 24.

14 Dressler, "The Sabbath in the Old Testament", 25.

15 其他與安息日意義討論相關的經文，包括：醫治被鬼附者（可一21～28；路四31～37）；醫治西門的岳母（太八14～15；可一29～31；路四38～39）；醫好病了三十八年的癱子（約五5～18）；醫好生來的瞎子（約九1～16）；醫好因被鬼附而彎腰不能直立的女人（路十三10～17）；醫好患水臌的人（路十四1～6）。

16 三段符類福音的記載其實都不盡相同，但本文以綜合法（synthesis）而非鑑別法（criticism）來詮釋經文，即假設經文是從不同的角度記載同一事件，各經文的不同描寫可以起著互相補充的作用，即一種「以經解經」的原則。

17 坎伯．摩根（George Campbell Morgan）著，張竹君譯：《馬太福音》（Monterey Park：美國活泉出版社，1984），頁109。

18 Leon Morris, *The Gospel According to Matthew* (Grand Rapids, Mich.: Eerdmans, 1992), 301～302.

19 馬太和馬可顯示是同一天安息日，只有路加特別標明「又有一個安息日」（路六6）。

20 Morris, *The Gospel According to Matthew*, 305.

21 丁良才：《論安息日與主日》，頁44～46。

22 Morris, *The Gospel According to Matthew*, 304～307.

23 Morris, *The Gospel According to Matthew*, 305; Robert H. Gundry, *Mark: A Commentary on His Apology for the Cross* (Grand Rapids, Mich.: Eerdmans, 1993), 150; Joseph A. Fitzmyer, *The Gospel According to Luke I-IX*, the Anchor Bible (Garden City, N.Y.: Doubleday, 1981), 607.

24 D. A. Carson, "Jesus and the Sabbath in the Four Gospels", in *From Sabbath to Lord's Day: a Biblical, Historical and Theological Investigation*, ed. D. A. Carson (Grand Rapids, Mich.: Zondervan Publishing House, 1982), 61.

25 筆者同意此處所說的「人子」不是泛指所有的人，而是專指主耶穌，否則，正如 Morris 所說，豈非連犯罪的人也可以改變上帝的命令嗎？參 Morris, *The Gospel According to Matthew*, 304。

26 Morris, *The Gospel According to Matthew*, 304.

27 摩根：《馬太福音》，頁210。

28 Gundry, *Mark: a Commentary on His Apology for the Cross*, 142.

29 Gundry, *Mark: a Commentary on His Apology for the Cross*, 145.

30 霍韜晦：《禪——創造者的哲學》(香港：法住出版社，2004)，頁5～8。

31 鈴木大拙著，徐進夫譯：《歷史發展》，禪學論叢第一系列(台北：志文出版社，1998年再版)，頁100。

32 霍韜晦：《禪——創造者的哲學》，頁115。

33 鈴木大拙：《歷史發展》，頁128。

34 鈴木大拙：《歷史發展》，頁210。

35 霍韜晦：《禪——創造者的哲學》，頁195～196。

36 引自吳怡：《公案禪話》(台北：東大圖書公司，1995年四版)，頁157。

37 霍韜晦：《禪——創造者的哲學》，頁214。

38 霍韜晦：《禪——創造者的哲學》，頁141～142。

39 吳汝鈞：《中國佛學的現代詮釋》(台北：文津出版社，1995)，頁130～131。

40 鈴木大拙：《歷史發展》，頁266。

41 吳怡：《公案禪話》，頁3。

42 〈日日好日〉，向陽散文集《一燈小記》22，《人間福報副刊》(2002.02.21)，取自互聯網http://sunmoonstar.myweb.hinet.net/essb6_22.htm。

43 霍韜晦：《禪——創造者的哲學》，頁143。

44 為簡化整個討論，又基於推論上的相同，本段只以「見山是山」來分析，「見水是水」從略。

45 引自鈴木大拙：《歷史發展》，頁22。

46 有關佛教把世間事物看為是圓融無礙的觀點(特別是中國的華嚴宗)，參拙作：〈我即花：試疏解基督宗教神學人對佛教事事無礙思維模式的疑惑〉，《輔仁宗教研究》4(2001冬)，頁87～115。

47 參吳汝鈞：《印度佛學的現代詮釋》(台北：文津出版社，1994)，頁92～94。

48 參拙作：〈基督徒的佛法釋經初探：西方與日本的個案〉，載於吳言生、賴品超、王曉朝編：《佛教與基督教對話》(北京：中華書局，2005)，頁383～394，特別參頁389～393。

49 John P. Keenan, *The Gospel of Mark: A Mahāyāna Reading* (Maryknoll, N.Y.: Orbis Books, 1995), 96～97.

50 所謂的「第三條路」，是由英國社會學大師紀登斯(Anthony Giddens)提出，屬於新左翼在二十世紀九十年代為了擺脱老左派的公平、分配正義、均富等的理想，又不接受新右派的相信自由市場、經濟效率與小而無為的政府，而提出的「新中間路線」，強調提昇公民能力、培育個人的稟賦及超越國家本位主義。一九九七年的工黨黨魁貝理雅(Tony Blair，或譯布萊爾)就是「第三條路」的實踐者，提出「從意識形態轉向務實行動，從無產階級走向中產階級，從工會壟斷走向大眾民主」的轉型，並成功當選英國首相，成為一百八十年來最年輕的首相。筆者嘗試把「第三條路」／「中道」的理念應用在信仰的問題上，強調「二合為一」的原則，即把雙方的合理成份既接受又拆解，在經過辯證的轉接下，重組一條合成的新路線。參安東尼．紀登斯(Anthony Ciddens)著，鄭武國譯：《第三條路——社會民主的更新》(台北：聯經，1999)；東尼．布萊爾(Tony Blair)著，馬永成、陳其邁譯：《顛覆左右——新世代的第三條路》(台北：時報文化，1999)。

6

當安息日遇上香港社會的麥當奴化

趙崇明

一 引言

香港人生活忙碌、工作壓力大，超時工作的情況世界聞名。根據較早前《蘋果日報》的報導，瑞士聯合銀行(UBS)最新的《價格及收入》研究報告指，港人每年平均工時超過二千二百三十一小時，在全球排名第三；但僱員每年獲發的有薪年假，卻是全球最少的三個城市之一。[1]香港大學民意研究計劃亦於二○○六年七、八月期間，成功以電話訪問一千五百一十九名十五歲或以上的全職人士。得悉受訪者平均每周工作51.3小時，當中22.3%受訪者每天都要加班，合共有61.3%每周要超時工作，較合約訂明的每周時數(47.3小時)超出8%，較國際勞工組織訂明的每周最高工時(40小時)則超出25%，工作跟私人時間的比例約為8.5：1.5，跟理想的6：4有一段距離，同時亦佔76%受訪者表示工作不愉快。[2]上述忙碌工作的社會現象，可能只是問題的表面徵狀，背後其實可能有更深層的價值觀或意識型態導致這些徵狀出現。

當代美國社會學家里茨爾(George Ritzer)曾出版了《社會的麥當奴化》(*The McDonaldization of Society*)一書。本文嘗試借用他的分析架構，指出上文所提到的香港人忙碌的工作與生活，可能正是麥當奴化社會所表現的徵狀。然後再就著香港社會麥當奴化的特徵，剖析這種城市文化的特徵如何反映香港人的「時空觀」。最後便從安息日神學的角度，對引致上述問題徵狀的價值觀或意識型態作神學反省。

二 剖析香港社會及教會的麥當奴化現象

下文會按里茨爾所講的四種特徵來分析香港社會(甚至教會)的麥當奴化現象。

1. 效率

「麥當奴化」第一種特徵，就是體現一種強調目標導向的效益主義。正如里茨爾所說：「效益意味著為達到一既定的目標選擇最佳手段。」[3] 麥當奴快餐文化正是一種強調效率及效益的文化。[4]

毫無疑問，香港正是一個高度重視「效率」的現代資本主義社會，電腦化更有助於「效率」的提升。而這種以目標為本、以「效率」為核心的麥當奴化的長臂亦已伸展到生活各領域、各層面，可謂無孔不入。香港人除了工作效率高，在職場上強調效益主義之外。生活上的其他方面，亦充份表現這種「麥當奴化」的特徵，就以娛樂消閑的旅遊為例，香港人愈來愈喜歡參加那些用最少時間、花最少錢，卻遊最多景點的短線團；纖體健身方面也如是，那些清楚註明目標，標榜能在短時間內勁速瘦身的廣告（如某纖體公司廣告寫明「只需十分鐘便可消耗兩小時運動的卡路里，首兩星期成效顯著」），自然會更吸引消費者。

甚至不難發現在我們的信仰和教會生活裏，對「效率」、「效益」、「事工導向」或「目標導向」的重視程度愈來愈高。基督教書室裏最暢銷的，通常是那些能幫助我們獲得高效益、具實用性題材和內容的書籍。其實現代信徒追求一種即食的快餐式信仰已經是愈來愈普遍的現象，最好就是有一些罐頭式的現成方案擺在面前，一開即食便能解決生活上的奇難雜症。「事工導向」或「目標導向」亦成為不少教牧或教會領袖談教會增長時爭相仿效的金科玉律。

強調「效率」、「效益」或「目標導向」，固然不一定是壞事，亦不否定其帶來的好處。然而，里茨爾提醒我們，這種強調「效率」的合理化卻有其不合理的地方。他引用韋伯的「合理性的鐵籠」（the iron cage of rationality）這個觀念，指出人在諸如麥當奴這類以形式理性運作的官僚體制之中，好像被囚禁在鐵籠一樣，不但失去自由，還「使他們的基本人性遭到否定」。[5] 因此，強調「效率」的這種「麥當奴化」的表徵，就不能否定它可能存在一種非人性化的不合理性。

唐慕華（Marva J. Dawn）對這種高舉效益至上、成就導向（achievement oriented）的文化亦有以下的評價：

> 我們的文化有一樣相當醜陋的東西：我們通常都是以生產力和成就來衡量別人的價值。……對成就的需要也令人對時間運用變得瘋狂，這份瘋狂甚至到

> 了可怕的程度。……效率成了我們社會所有事情的標準。[6]

照唐慕華所言，現代都市人似乎患上了一種對效率、對成就過份沉溺的病。當都市人在繁忙的工作中瘋狂地激戰的時候，儘管感到無比的壓力與疲累，但亦只可以無奈地接受現實，繼續在形形役役的命途之中，為成就而生，為成就而死，甚至容許各種非人性化的事情繼續發生。

2. 可計算性

由於效率正是意味著以最少時間內生產最大數量的產品為目標，因此「麥當奴化」就是一個將生產量化或數字化而變得可被計算的過程。[7]

其實這是香港社會常見的現象，香港各大、小公司或機構，一般都會採用這種「數字化、量化及可計算性」的管理模式。就以迪士尼主題公園為例，由於特區政府興建迪士尼樂園最大的目的，不外乎透過旅遊來賺錢，因此最重視的自然便是遊客入場的數字。遊客入場數字自然成為量度成敗的重要指標，因此在二〇〇六年暑假期間，不惜推出三個月無限次入場任玩的套票，旨在製造高入場率的「量的幻覺」。至於坊間的纖體廣告，又是另一個典型將身體數字化的例子，某廣告刊登一些有卓越成效的減肥個案，列明經過一個「二十分鐘腰肢急救及SLT聚合式纖體」的療程後，全身纖減12.3吋／六磅。

談到教會方面，在教會增長的大前題底下，儘管口裏說教會的牧養絕不能只重量不重質。但實際上教會領袖委實不容易擺脱來自數字和空間佔有率的誘惑，只要環顧香港教會發展的生態便不容否認，事實告訴我們，大家心目中認為有增長的教會絕對不會是一些只得三、四十人聚會的小型教會，而是那幾間由幾百增長到幾千人數、由每週一至兩堂崇拜增加到六至八堂崇拜、由細小空間擴展到擁有一整座巨型建築物的巨型教會(mega-church)。這些教會的牧者甚至可以出書跟別人「分享」或「傳授」教會增長成功的祕訣，成為香港眾教會取經及學習的典範。

3. 可預測性

隨著「量化及可計算性」，自然便會帶來第三個特徵——「可預測性」。意即「確保它們的產品和服務在不同時間和地點都是一樣的……麥當奴模式的成功表明，許多人傾向於喜歡一個不會出現意外的世界。」[8] 因此，「麥當奴化」的社會，就是一個具有同質性、單一化的社會。

也許不少人都同意，香港就是一個這樣的社會，一般香港人都較喜歡過一種可預測的、平穩安定的生活，這種生活的好處固然使人有較大的安全感，缺點卻是生活會過於刻板單調而缺乏創意。舉例來説，不少香港人在日常工作、學校教育及學習模式，甚至消閑生活各方面，均表現出上述可預測性的文化現象。

引申至教會生活，無論信仰內涵、教會生活模式或宗教羣體內所用的語言，同樣出現一種高度統一性和可預測性的現象。例如教會在某段時間一窩蜂推行小組化模式、某段時間一窩蜂開辦「啟發課程」(Alpha Course)、某段時間一窩蜂用《標竿人生》來作為主日學或其他培訓課程的工具等。

此外，某些注重成效的佈道法(如「三福」等)，更是一種典型具有高度統一性、同質化，為求提高可預測性的傳福音方法和策略。

4. 控制

這種特徵指的是「非人技術對人的日益控制和替代」。[9]這些非人技術可能包括機器、工具、電腦、生產程序、管理模式、規則、環境設計等。

提到這種特徵，其中一個值得拿來討論的例子，就是近年流行的美容瘦身這種消費文化。消費工業本身就已經是對人的一種「軟操控」，而瘦身消費工業乃是由經營這門行業的健身美容中心及各類纖體藥品公司，配合廣告去制訂一套標準化了的「纖體美學」，而要所有女性都跟這個標準去量度自己，它還會為消費者製造一種社會壓力，不減肥就會被人排斥、被人嘲笑。因此，減肥廣告及所謂「專業性及科學化」的美容瘦身療程，正正體現了社會對人(尤其是女性)一種成功的軟操控，我們不再是自己身體的主人。

麥格夫(Alister E. McGrath)也提過教會出現類似「控制」這種麥當奴化的特徵，他這樣地評價教會的一些聚會或課程：「它們受到高度結構化(structured)和預先程序化(preprogrammed)的處理，是環環相扣的。」[10]

三 從麥當奴化的城市文化看香港人的「時空觀」

如果社會的麥當奴化是現代性和現代資本主義的產物，由其所推崇的核心價值所衍生出來的文化現象，自然會改變或塑造身處於這種文化脈胳下的現代人，對時間和空間有一種新的經驗。

1. 時空壓縮的現象

現代人透過現代的科技發展(如電腦、各種高速的交通工具)，可以用很短的時間、很快的速度，完成一件工作或到達遠距離的地方。在一個經濟全球化的現代世界裏，銀行愈來愈多透過自動櫃員機代替人手提供服務，也愈來愈多透過電腦互聯網進行電子繳費、銀行往來交易或國際間商業貿易等活動，使整個金融服務及經濟活動變得更有效率。這種重視效率的麥當奴化的表徵，正是哈維(David Harvey)在他的成名作《後現代狀況》(*The Condition of Postmodernity: An Enquiry into the Origins of Cultural Change*)一書中所提出的「時空壓縮」(Time-space Compression)的現象。哈維說：「電子銀行和信用卡就是一些加快金錢逆向流動速度的創新發明，有賴將貿易電腦化之幫助，金融服務和金融市場同樣地加速起來，正如以下這句說話的意思，在全球的股票市場裏，『二十四小時是非常長的時間』。」[11] 此外，他又跟里茨爾一樣，討論過快餐式文化帶來的影響。[12] 故此，「時空壓縮」現象與「社會的麥當奴化」由效率原則帶動的四種特徵，其實存在著彼此不可分割的內在關係。

從積極面而言，現代科技(如互聯網和信用卡)的發展，確實大幅度地加快了生產、經濟貿易、資訊流通和消費的速度，克服了因時間和空間的距離所造成的障礙。正如鮑曼(Zygmunt Bauman)所說：「在我們生活的這個世界上，距離好像並沒有太大的意義。……空間已不再是一個障礙物——

人們只需短暫的一瞬就能征服它。」[13] 這種「時空壓縮」的文化現象，似乎印證了後現代全球化過程的成功實現。

然而，從消極一面而言，這種「時空壓縮」的文化卻使現代人活在一個轉瞬即逝的世界裏面，逐漸便養成一種不在乎天長地久，只在乎曾經瞬間擁有的感官經驗。在愛情關係上，強調一拍即合、一夜情，以換畫愈快、伴侶數目愈多為榮。

「時空壓縮」的現象尤其表現在消費文化裏，現代消費社會不斷壓縮消費的時間，消費品的壽命愈來愈短，消費品最重要的存在目的是滿足消費者當下、即時及短暫的消費慾望。正如鮑曼所說：

> 任何東西都不值得消費者長期固守，任何承諾都不值得我們死抱一生，……只有非確定性，即一切諾言的內在短暫性才真正具有意義；……由時間壓縮技術而帶來的「當今」的蔚為大觀的進程與消費者為中心的經濟的邏輯之間有著天然的共振點。[14]

既然如此，按照鮑曼上述的觀點講下去，時間壓縮技術（有可能引致空間壓縮），反而會成了擴充（物慾）空間和征服空間的最佳武器。如此，人豈不是已成功地透過時間壓縮的科技來扮演上帝——「看千年如一日」、「說有就有、命立就立」——麼？

2. 對空間擴張的意慾

荷里活相繼流行的西部牛仔電影和太空科技電影，都說明了美國人所追求的是一種開拓及崇拜空間的文化。現代人這種對空間的過度崇拜，也正好反映在後現代消費主義這種拜物教身上，因為物質最可見的表徵，必然是具有空間性的，而這種醉心於物慾消費的人生，自然看重的也只會是如何擴張空間的問題。

隨著美國文化(無論是麥當奴化也好，迪士尼化也好)對香港人的影響，上述那種美國人追求及崇拜空間的文化亦移植到香港人身上。從六、七十年代到今日，太平山下、獅子山下與維港兩岸的城市景觀出現了急劇的變遷。建築物不斷向上升，維港兩岸的海岸線不斷拉直，兩岸的距離亦不斷收窄。維港兩岸的摩天大廈猶如兩大塊巨型屏風屹立在海邊，各地產商爭著要在這塊土地上興建最高的大廈。本來據聞在荃灣海旁興建及快要落成的「如心廣場」是全港最高的大廈，但根據報導，[15] 新鴻基地產預算在機鐵九龍站建造樓高一百一十八層的「環球貿易廣場」，將會成為全港最高，以及全球第三最高的大廈，跟對岸亦屬新鴻基地產所興建的「國際金融中心」互相輝映，成為香港城市的新地標。香港人那種心想興建塔頂通天的巴別塔的慾望表露無遺，其實有時從那些摩天大廈的名稱(如「擎天半島」、「傲雲峯」等)就足以反映上述心態。不過，最特別的地方卻是，現代人對拓展空間的強烈慾望，最終卻帶來城市實際空間的降低，更嚴重的甚至是帶來生活空間、人際空間及心靈空間的收窄。

也許正如赫舍爾(Abraham J. Heschel)所言：「科技文明是人對空間的征服。……我們主要的目標是在空間的世界裏增強我們的權能。[16] ……對屬於空間的物件之渴求，始終成為我們惟一的關注。」[17] 這種對空間擴張的重視，其實正正反映了人性裏面對能力的崇拜，以及對權力慾和成就感的迷戀和執著。

3. 將時間工具化：如何善用時間？

在一個重視效益主義，重視成就導向、事工導向、產量至上的社會裏，我們最關心的就是如何能用最少時間來完成最大效益的工作。

「時間就是金錢」這句話，充份反映了現代人將時間工具化的意圖，時間的價值在於其衍生的生產價值和經濟價值，工作時間代表的是有價值、有意義的時間，所以「大忙人」是一種高貴身份的象徵。而餘閑時間則被等同為「無生產力、無經濟價值、可有可無、無所事事」的無聊時間，是人生中多出來的剩餘時間，就看我們如何把它「花掉」或「消耗掉」。

現代人很懂得將時間變成一種工具，然後思想如何運用或善用這工具，也很擅長如何管理這工具。然而，現代人卻愈來愈不懂存在於時間裏。最終我們反過來只是活在勞勞碌碌、營營役役的緊張而急促的生活中，結果工具化了的時間反而會窒息我們的生命。

4. 遺忘歷史、錯置空間

在一種鮑曼形容決不能讓消費者「休養賦閑」，[18] 要不斷讓他們接觸新的誘惑，不斷追逐新的消費慾望，不斷保持在一種亢奮狀態下的消費行為，則消費者的滿足必須經常保持在一種當下即時的狀態裏，消費社會不能夠容忍緩慢的速度和漫長的時間。因此，正如鮑曼所言：「消費者社會要培育的是遺忘，而不是記取。」[19]

況且，當現代人活在一個轉瞬即逝的世界裏，一切生活上的景觀就會變得很模糊，缺乏深刻的印象，於是最終只會活在當下，捕捉住當下一剎那的短暫時光，卻很容易遺忘已逝去的時光或歷史。

然而，上述這種時間觀只會讓我們活在一個只有今天，卻缺乏歷史意識、貪新忘舊、短線短視的文化氛圍裏。香港的城市規劃就是一個明顯的例子，為了拓展空間來發展消費性旅遊、發展地產，最終為的是發展經濟，於是惟有將城市空間重新裝置，最終換來的就是犧牲不少有歷史文化價值的地標、文物及舊建築物。例如清拆灣仔的喜帖街、旺角的雀仔街、中環的天星小輪碼頭。隨著上環舊區的重建，原來潮汕社區的古舊特色也幾乎蕩然無存！也隨著迪士尼樂園的興建，水中插滿木頭的陰澳[20]特色，也只能殘留在朦朧的記憶之中。

四 從安息日神學回應香港社會的麥當奴化現象及香港人的「時空觀」

筆者期待，安息日神學可以在這主流的麥當奴化的核心價值之外，為我們提供一套基督教的核心價值，從而幫助我們培養和實踐一種具安息日精神的工作和生活態度。

1. 工作與安息的主次關係

在現今資本主義主導的社會裏，「工作至上」和「在工作中獲得成就」也許已成為現代人的核心價值，被現代人視為人生最重要的目標。基於此，工餘之後的休息消閑，便被視為在肉體和心靈上得到渲洩、放鬆、調節，甚至解放的手段，以致能重新得力，再投入忙碌的工作。說到底，休息消閑只是手段，工作才是目的，後者比前者更重要。

其實聖經一開始（創一1～二3）就跟我們處理工作與安息的主次關係這問題。不過，很多基督徒在解釋這段經文時，都會將上帝整個創造的工作規限在頭六日之內，而且上帝造人的第六日更被視為整個創造的高峯，而上帝創造的工作正是停在這高峯之上，到第七日上帝便安息（通常又會將「安息」僅理解為「休息」，而「休息」和「工作」亦容易被視為兩種相反對立的生活狀態）。按照這種解釋，我們講上帝的創造，往往就以為只是講祂六日的工作，好像安息日跟上帝的創造完全無關，這種重工作輕安息的觀點，最終只會形成一種以工作導向及產品導向（作為萬物之靈的人是上帝最精心傑作的產品）為核心的創造神學。

然而，莫特曼（Jürgen Moltmann）卻有不同的理解。首先，他認為頭六日和第七日存在彼此不能分割的關係，上帝在第一至第七日的作息，都應包括在上帝的創造裏面。不過，仍要進一步思想，在創造裏，工作和安息除了有不能分割的關係之外，它們彼此之間還有沒有一種孰先孰後的優先次序關係呢？莫特曼特別留意到創世記二章1至2節，這兩節經文強調的是由工作到安息的轉接。按照莫特曼的解釋，他認為經過頭六日的工作，上帝的創造尚未完滿，還要透過創造主的「安息」、「歇工」去完成創造的工作；換言之，創造的「完成」或「完滿」（completion）必須包含「安息」在其中。[21] 基於此，工作（頭六日）和安息（第七日）便有如下的關係：「我們發現安息日並非繼六日工作天之後而有的休息的一天；相反，整個創造的工作是為安息日的緣故而設的。」[22] 安息或休息不但不是達致工作更有效率的手段；相反，安息才是整個創造工作朝向的目的，如此說來，惟有第七日這聖日（並非第六日）才是整個創造的高峯。基於這種創造觀及安息日神學，我們可以說，只有工作卻欠缺安息的人生仍是不完滿的，甚至人生的意義，就在於我們在上帝所賜有限的生命年日裏工作，最後邁向安息而完成人生的目的。

2. 過程導向多過目標導向

如果麥當奴化的社會倡議的是目標導向的文化，安息日神學所強調及著重的卻是過程導向的價值和意義。

誠然，莫特曼認為安息是工作的完成，安息才是整個創造工作朝向的目標。當我們閱讀詩篇九十五篇的時候（很明顯，出十六、十七章與詩九十五篇這些經文是互相呼應的），無疑詩人同樣以安息作為目標（詩九十五11）。亦正如這段經文所描述，上帝拯救的工作以進入迦南才算完滿，則再一次說明安息是（拯救）工作的完滿或完成。

不過，當我們留意整首詩的內容和結構的時候，就知道要邁向「安息」這目標，首先要經過一個過程，這過程包括上帝的創造（詩九十五1～7）及拯救（詩九十五8～10）工作。尤其是拯救的工作，這裏的重點是講上帝拯救以色列人出埃及、過紅海之後在曠野漂流的過程。正正在這過程裏，他們試探上帝，所以最終不可進入安息（迦南這應許之地，詩九十五11）。

毫無疑問，對以色列人來說，入迦南應許地這目標固然重要，但以色列人在曠野四十年漂流過程的屬靈意義和重要性，同樣不能忽視。事實上在基督教靈修學裏，「旅程」是很重要的觀念。麥格夫在《基督教靈修學》(*Christian Spirituality*)中如此說：

> 無論舊約和新約聖經都對旅程有所描述，例如亞伯拉罕往迦南之旅程，或保羅偉大的宣教旅程。也許在舊約中所描述兩次最重要的旅程分別是：以色列民進入應許之地前在曠野漂流四十年的旅程；以及耶路撒冷居民經過幾十年被擄到巴比倫大城之後歸回他們故土之旅。而每一個上述這類旅程都會成為基督教靈修學中具有相當重要性的意象。[23]

其中一項屬靈操練，就是在這四十年曠野漂流的過程中學守安息日(參出十六4～5、22～30，十七1～7)，耶和華在這曠野旅程中，給以色列人其中一項的操練，就是要求他們在基本的物質需要上操守安息日的生活態度和生命型態，結果他們失敗，甚至試探神(出十七7)，正是在旅程中因不能守安息日，結果不能進入安息。

安息日其中一個屬靈意義，就是要我們學習和實踐一種放下效益主義，不執著於目標導向，反過來看重過程的生命取向和生活態度。正如莫特曼所說：

> 不存在有目的的活動，實用價值也不起作用。「時間就是金錢」在這裏是不派用場的。這種從目的及利益中獲得解放的生活方式好極了。安息日正是要表達時間上的這種永恆性。[24]

3. 時間與空間的主次關係

赫舍爾在《安息日——其對現代人的意義》(*The Sabbath: Its Meaning for Modern Man*) 中開頭就如此說：

> 科技文明是人對空間的征服。它往往是透過犧牲一種構成存在必不可少的元素(即時間)所取得的成就。在科技文明裏，我們耗費時間來賺取空間。我們主要的目標是在空間的世界裏增強我們的權能。然而，擁有更多不等於存在得更好，我們在空間的世界裏所獲得的權能，卻會在時間的邊界中突然地終止，時間卻是存在的核心。[25]
>
> 對屬於空間的物件之渴求，始終成為我們惟一的關注。[26]

毫無疑問，赫舍爾這本書是針對現代人對擴張物質空間的慾望與對空間的崇拜而寫的。他又擲地有聲地提醒現代人：「可惜對空間的操控會使生命走上歧途。」[27] 正因如此，赫舍爾認為在關心人的存在和生命的意義時，時間比空間更重要。因此他說：「人不可能迴避時間的問題，我們對時間思考得愈多，就有愈多的瞭解：我們不能透過空間來征服時間，我們只能在時間裏掌握時間。」[28]

赫舍爾又認為：「聖經關注的是時間多過關注空間，它往往從時間的向度看世界，它關注世代、事件多過關注國家、物件；它關注歷史多過關注地理。」[29] 故此，他認為猶太教跟其他宗教最大的不同，在於後者很多都是強調空間的宗教，它們的神靈往往佔據或住在一地域性的空間之內，例如山有山神、樹有樹神、河有河神。這些宗教的神觀，往往注重它們的神（通常是有具體及佔有空間的形像的）如何臨在於大自然或宇宙之內。[30] 但猶太教卻是強調「時間的宗教」（a religion of time），它的目標是「時間的聖化」（the sanctification of time）。[31] 然而，「時間的聖化」究竟是甚麼意思？赫舍爾指出：

> 猶太教教導我們在時間裏依戀聖潔，被神聖的事件所吸引而愛慕，也教導我們學習如何去主持出現於一年這樣壯麗的時間之流中的神聖奉獻之禮。……猶太教的禮儀，也許表現了在時間裏重要形式的藝術這種特色。可以稱為時間的建築學（architecture of time）。……信仰的主題在於時間的領域。[32]

再講得清楚一點，聖經第一次出現「聖」（Holy）這字是在創世記二章3節，在上帝最初的創造裏，「聖潔」這詞沒有被用來描寫空間或佔空間的物件，卻用來形容上帝安息的日子（時間）。正如莫特曼所言：「創造主用歇了工的臨在使第七天成為聖日。在以色列這個民族及這片土地成為『聖潔』之前，安息日早已為聖。」[33] 赫舍爾亦認為，由於「安息日的本質是完全從空間的世界分離出來。」[34] 因此，「安息日的意義是慶祝時間而不是慶祝空間。」[35] 上帝慶祝時間，祂又祝福安息日，並使安息日為聖，均足以表明在上帝的創造工作裏，時間比空間扮演更重要的角色。

既然如此，是否最終要否定及排拒空間的世界呢？對赫舍爾來說，固然絕對不是，他曾肯定地說：「我們的意圖並非要貶低空間的世界，若去貶低空間及空間的物件所盛載之祝福，就等於貶低創造的工作，上帝曾看著這些工作說『好』。」[36]故此，在赫舍爾的心目中，時間和空間是彼此相關的，不可忽略任何一方。不過，面對只崇拜及追逐空間之擴張的現代人，他的目的是要提醒他們，時間比空間更具優先的地位。它們的主次關係絕不能倒轉，惟有在時間裏，才能談論任何佔有空間的人或物件的存在意義和重要性。[37]

4. 存在與時間

講求速度、效率和高生產力的現代人，分秒必爭，因為時間就是金錢，故此他們可能非常懂得有關時間管理的學問，卻往往未必能學會如何真正存在於時間之中，更遑論如何內住於時間而以時間的維度來思想和體悟存在的問題。在這方面，捷克小說家米蘭·昆德拉(Milan Kundera)在《慢》(*LaLenteur*)一書中，卻為我們留下一段富啟發性的文字：

> 速度是出神的形式，這是技術革命送給人的禮物。跑步的人跟摩托車手相反，身上總有自己存在，總是不得不想到腳上水泡和喘氣；當他跑步時，他感到自己的體重、年紀，就比任何時候都意識到自身與歲月。當人把速度性能托付給一台機器時，一切都變了：從這時起，身體已置之度外，交給了一種無形的、非物質化的速度，純粹的速度，實實在在的速度，令人出神的速度。……慢的樂趣怎麼失傳了呢？啊，古時候閑蕩的人到哪兒去啦？民歌小調中的游手好閑的英雄，……在露天過夜的流浪漢，都到哪兒去啦？他們隨著鄉間小道、草原、林間空

> 地和大自然一起消失嗎？捷克有一句諺語用來比喻他們甜蜜的悠閑生活：他們凝望仁慈上帝的窗戶。凝望仁慈上帝窗戶的人是不會厭倦的；他幸福。在我們的世界裏，悠閑蛻化成無所事事，這則是另一碼事了。無所事事的人是失落的人，他厭倦，永遠在尋找他所缺少的行動。[38]

昆德拉心目中的悠閑者決不是無所事事的人，因為無所事事的人還是煩燥不安地在補償目標的失落、或在無休止地尋找要完成的行動和工作，他們的焦點仍注目於工作完成後的產品、目標和成就。故此，他們仍未能好像悠閑者那樣，真正安頓於時間流動的過程中，去享受及體悟那帶有物質性及空間性的具體存在的真實。這豈不正是赫舍爾的意思麼？他豈不是說：「我們絕不可忘記，並非物件使瞬間變得重要，而是瞬間使物件具有重要性。」[39]

赫舍爾從安息日神學中轉出對時間的重視，主要原因是他太看重時間如何影響人(尤其是現代人)的存在。奧登(Thomas C. Oden)在《兩個世界——現代性在美國與俄羅斯之死的隨筆》(*Two Worlds: Notes on the Death of Modernity in America & Russia*)中，同樣表達了類似赫舍爾的觀點，他引用大貴格利(Gregory the Great)的講法來説明存在與時間的關係對基督徒的重要性：「確切地説，基督徒屬靈生命的形塑，經常就是處理人在時間中存在的基本關係這類基礎性問題。」[40] 奧登又指出，人的存在困境基本上跟時間息息相關：「罪疚和憂慮是自我跟其過去和將來的關係所衍生的兩個有明確定義的問題。」[41] 罪疚(guilt)、憂慮(anxiety)和厭倦(boredom)是奧登在《兩個世界》內，要解決「人在時間中的存在困境」的問題。罪疚跟自我的**過去**有關，[42] 憂慮跟**將來**的可能性(possibility)對自我存在和價值觀受到威脅相連，[43] 而厭倦則是對**當下現在**生命因感到空虛厭煩而呈現的存在狀態。[44]

出埃及記十六、十七章所描述以色列人在曠野漂流的故事，似乎正好是奧登所講的最佳寫照。這段經文非常強調「人在時間中的存在困境」的問題，出埃及記十六章1節記載以色列全會眾剛離開**昔日**的埃及，期盼**將來**進入迦南應許之地，就在「出埃及後第二個月十五日」的**此刻**，他們來到了汛的曠野，然而，他們卻不料竟然要在曠野中漂流了**四十年漫長的歲月**(出十六35)。他們**每天**所面對的正是**隨時**會「餓死及渴死」這種最基本的存在困境的問題。

當然以色列民的存在困境絕非生理或物質需要不能被滿足這麼簡單，牽涉在內的固然還有更深層的本體意義的問題。以色列全會眾日復日、月復月、年復年在那四野荒蕪的空間中，似乎漫無目的、無所事事地慢慢流動，逐漸地便會對明天或將來的可能性不再存厚望而生憂慮，同時亦對當下現在的空虛及無意義的存在狀態感到厭倦，因而回想過去，甚至寧願回到過往住在埃及的日子享受罪中之樂。不過，更可悲的是，從他們對摩西、亞倫，甚至上帝所發的怨言中(出十六3、十七3)，可以反映他們甚至連那種因留戀過去罪中之樂的存在狀態而有的罪疚感也喪失了！

面對以色列全會眾在時間中的存在困境的問題，上帝卻頒下守安息日的誡命要他們遵守：「每天收每天的分……到第六天……比每天所收的多一倍。……耶和華晚上必給你們肉喫，早晨必給你們食物得飽；……」(出十六4～5、8)「六天可以收取，第七天乃是安息日，那一天必沒有了。」(出十六26) 上帝吩咐以色列人每日按時照著祂的吩咐去做，正是要他們意識到，必然要活在有限的時間中去認識自我、經歷存在，這是屬靈生命操練很重要的一課，這一課足足上了四十年。

然而，在守安息日的日子中，他們有些人卻違背上帝的命令，在平日預留兩天的食物，或在安息日出去收取食物，這些都是人的控制慾，以及想透過駕馭環境而獲得安全感的表現。如果我們仍要問上帝，為何要以色列人守安息日？答案是，上帝正要操練他們擺脱從控制中獲取安全感這種習性，回歸信靠上帝的恩典和冒險的自由。

儘管如此，但始終日復日、年復年地重覆學習同一樣功課，真的會覺得很無聊沉悶，很浪費時間，效率亦非常低，最終更似乎不見得有任何果效，甚至會覺得這樣的人生其實沒有意義，甚至可能在守安息日的過程中，更強化以色列人正如奧登所描述的那種罪疚、憂慮和厭倦的經驗。不過，如果我們仍要問，上帝為何不干脆帶領以色列人走捷徑入迦南盡快達標？上帝為何用四十年漫長的時間這種嚴重缺乏效率的方法去操練以色列人？就等於問上帝為何要用七日時間而不是一剎那間去完成祂的創造工作一樣。答案其實很簡單，上帝要我們知道，整個世界的存在 (尤其是人的存在) 原來跟時間息息相關、形影不離。簡而言之，我們的時間觀直接影響著我們的人生觀。現代都市人其中一種貪婪，就是對時間的貪婪，其實對時間的貪婪背後，實際就是對空間的貪婪，我們要用最少的時間成就最多的事情，因此令到我們急功近利，令到我們最關心的是如何走捷徑達到目標。我們經常不但想扮演上帝，甚至想超越上帝！上帝用七日完成創造，上帝用四十年時間訓練以色列人守安息日，就是要我們停止在時間與存在這件事情上扮演上帝，甚至超越上帝。

總括而言，不要忘記聖經記載第一件的事情，就是上帝的創造工作和安息，而整個世界(包括人)正是在上帝六日工作及第七日安息這段作息時間之間出現的。因此，不能離開上帝的作息而談論世界的存在和人的存在。又若果如上文所說，上帝的工作惟有在安息中始得完滿。如此說來，也惟有在安息日中，我們才能體悟人生的真諦，在安息日中，我們要學習的正是如何邁向人生真正有價值的目標。甚至可以說，安息日本身就是讓人體驗人的存在的過程，亦是讓人「成為人」的學習或實踐的理想場所。

5. 回歸人性中的自由與和諧

其中一種在安息日中要學習或體悟的人生真諦，就是「自由」。當然「自由」可以有不同的意思，擺脱工作的壓迫和奴役可以被視為「自由」；有自己的自由時間，想做就去做也可以被視為「自由」；甚至盡情滿足及放縱個人的物慾或情慾，顛覆社會的道德規範或禁區亦可以被視為「自由」。然而，古德爾(Thomas L. Goodale)和戈比(Geoffrey Godbey)說：「自由必然會被適當地加以限制：我們不能也不應該自由地去做任何事。我們的自由概念的基本要求是：不要試圖去做許多事情。」[45]

這種「不要試圖去做許多事情」的自由觀，似乎也可以從「歇下工作」這種安息的觀念去理解。「安息」是甚麼意思？是否單單指「休息」？按照莫特曼的意思，應該從創造主「歇了祂一切的工」這「行動」來理解「安息」的意義，他解釋「歇了祂一切的工」是指「上帝從祂所已經做完的一切工作中安息出來(a rest from all his work)」。[46]意思是「在祂的安息中，祂從自己的工作中自由地出來(free from his works)」。[47]所以，「安息」跟「自由」有關。這裏所講的「自由」包括兩方面：

第一，從創造主的角度來說，是歇下工作回歸自己的自由，當然並非回歸一種沒有被造世界只有自己的自由，而是一種既在被造世界之中而又能抽離被造世界的自由。[48]這也是一種既參與工作而又不受工作控制而回歸自己的自由，正是「安息」的真正意思。

第二，從被造世界的角度來說，當上帝從自己的工作中自由地出來的時候，祂同時面對(in face of)祂所造的世界而享安息。意思是，創造主不但創造世界，祂同時讓這有限的被造世界在上帝面前與上帝同在。如果僅有頭六日上帝創造世界的工作，很容易變得世界好像被上帝完全決定及操控，但在安息日中，上帝透過「歇下」(free from)這個動作，世界便被賦予一種在上帝面前成為世界自己的自由，在那刻不再完全被上帝所決定，讓萬物體驗及實現萬物之真正在其自己之自由。同時，當上帝在祂的工作中安息時，祂一方面住在(present or indwell)世界中，也讓世界住在上帝中。這樣，既能保持上帝與世界之間各自的空間和獨特性(particularity)，同時亦維繫著一臨在的關係性。所以，「安息」既是真正人性的體現，也是被造世界的本性的體現，在「安息」中，萬有的受造性得以完滿地體現。[49]簡而言之，在「安息」中所體現的真正人性，其中一種最重要的特徵就是人與上帝、人與人、人與萬物所保持的一種既尊重他者差異性的空間，又維繫一種愛與和諧的合一關係。

由此可見，真正的自由就是一種跟他者建立愛與和諧關係的自由，這種充滿愛的自由惟有在安息日的時間裏才能臻於完滿。因為如赫舍爾所說：

> 時間是創造的過程，佔空間的物件是創造的成果。當我們注視空間，看到的是創造的產品。當我們直觀時間，聽到的卻是創造的過程。……時間是上帝在空間世界中的臨在，在時間之內，我們能夠體驗所有存在物的合一。[50]

當然，赫舍爾所說的時間是指邁向安息日這創造的時間。然而，為何赫舍爾認為在這創造的時間裏萬物能邁向合一呢？

首先，他肯定人有一種佔有及征服空間的慾望，而從來沒有兩個人或兩個存在物能夠同時佔有同一空間，換言之，當我的身體佔有此空間時，即意味著已為此空間定一界限以防止他者之闖進。因此，這種空間上的佔有感，同時自然會表現出一種對他者的排他性，空間的佔有或爭奪便容易造成存在者或存在物彼此的排拒和疏離。但時間則不同，赫舍爾如此說：

> 沒有人佔有時間，沒有片刻是我能排他地佔有，這一屬於我的瞬間同樣是屬於所有正在存活的人的。我們分享時間，我們卻擁有空間。透過我對空間的擁有，我成為所有其他存有的對手；但透過我在時間裏的存活，我成為所有其他存有的同代人。[51]

> 在時間的世界裏，目標不是擁有，而是存在；不是佔有，而是付出；不是控制，而是分享；不是征服，而是和諧。[52]

赫舍爾這種佔有空間與分享時間的差別關係之講法，跟上述莫特曼的觀點有異曲同工之妙。正如上文提到，如果頭六天創造宇宙和萬物那種「說有就有和命立就立」的工作，代表了上帝在空間世界裏所彰顯其對空間的主權、計劃、命定、掌管和征服的話；則上帝在安息日歇了祂一切的工，就代表了上帝在時間裏放下祂全面佔有和控制空間的主權，這是上帝一種自我收攝或自限的行動，將本來全面佔據和掌控的空間讓出來跟受造物一同分享。[53]這豈不正是赫舍爾所言，在安息日這時間的世界裏，目標是付出、分享與和諧的意思麼？

故此，面對麥當奴化社會容易產生對人性的扭曲這種非人性化的傾向，例如將人看成為達致經濟利益和高生產力的工具或手段，以致人容易被工作和消費奴役；則安息日的神學意義就是重申人不是工具、而是目的這種以人為本的基督教人文精神。[54]真正「安息」的生活，應該是一種不但不會扭曲人性，反而會是一種拯救及保存人性的生活，它使人能夠自由地回歸自己，回歸上帝創造心意的「真自由」的生活。

五 從《反斗車王》說起的結語

「速度」是迪士尼電腦動畫《反斗車王》(*Cars*，台譯《汽車總動員》)中的一個主題，自認極速的新晉跑車「閃電王麥坤」(Lightning McQueen)，本來的性格是非常好勝、自負、自我中心和眷戀名利，[55]心中經常只有一個目標：在比賽中贏取冠軍。但在往比賽場地的州際高速公路途中，麥坤誤打誤撞地闖進了一條在地圖上也已消失了的荒廢公路，並流落在一個已被人遺忘的小鎮裏。然而，麥坤在這裏卻遇上一班朋友，當中包括莎莎（Sally Carrera）和昔日曾揚威賽車場的藍天博士（Doc Hudson）。莎莎本來在加州工作，但因感到工作困倦而生活得不愉快，便「歇了她一切的工」，偶然來到這小鎮，竟然被它的自然美景及當地的人情所吸引而住了下來。一天，莎莎和麥坤上到小鎮的山坡上欣賞周圍美景，遠眺高速公路上奔馳的車輛，然後慨歎道：「車這麼快地行駛，卻不知有這麼美的地方！」「車為了節省時間，不會再經過這小鎮。」莎莎又形容：「以前還未有高速公路的時候，車過省要經過山坡繞大彎，那時的車不會趕時間，駕車是一種享受。」平時只會好勝飛車，卻從未試過憑風漫游享受沿途風光的閃電王麥坤，終於也停了下來，愛上了這個地方、這裏的「人」。雖然，最終他也趕及參加該場賽事，但在本來穩操勝券衝線之前的一剎那，他突然停下來協助另一部被撞反的跑車，最後還很緩慢地過了終點，結果他表面上輸了這場比賽，卻換來無價的友情和愛情。更重要的是，他真正能明白藍天博士那句說話的意思：「獎盃只不過是一隻空杯而已。」麥坤的心真的變了，變得更有人情味、更有自由、更有生命感、更有人性。

蔣勳在其談論生活美學的書《天地有大美》中，可謂一語中的地點出「忙」的問題：「大家寫一下『忙』，是『心』加上死亡的『亡』，如果太忙，心靈一定會『死亡』。」[56]聖經正提醒我們：「你要保守你心，勝過保守一切，因為一生的果效是由心發出。」(箴四23) 為免心死，基督徒也應有一套生活美學，不過肯定需要建立在安息日神學之上。

註釋：

1 有薪年假平均為每年九日，參《蘋果日報》11/8/2006的報導。

2 參《明報》及《都市日報》19/10/2006的報導。

3 里茨爾(George Ritzer)著，顧建光譯：《社會的麥當奴化——對變化中的當代社會生活特徵的研究》(上海：上海譯文出版社，1996)，頁59。

4 參里茨爾著：《社會的麥當奴化》，第三章。

5 里茨爾著：《社會的麥當奴化》，頁36。

6 唐慕華(Marva J. Dawn)著，陳永財譯：《俗世中的安息日操練——停止、休息、擁抱、享受》(香港：學生福音團契，2003)，頁17。

7 參里茨爾著：《社會的麥當奴化》，第四章。

8 里茨爾著：《社會的麥當奴化》，頁18。

9 里茨爾著：《社會的麥當奴化》，頁162。

10 麥格夫(Alister E. McGrath)著，董江陽譯：《基督教的未來》(香港：道風書社，2005)，頁77。筆者認為其中一種在香港教會非常流行的佈道法——「三元福音倍進佈道法」(簡稱「三福」)，可說是盡顯麥格夫所謂「高度結構化」和「預先程序化」的「控制」特徵。運用過「三福」的人必然知道，佈道者務求要盡量在指定時間內，將整個預先已唸熟的福音內容，幾乎一字不漏地向對象簡述一遍，甚至一條問題、一個例子或一個動作(如「舉起手中的書」、「將書平放掌上」和「用手指著空椅」)，都是受到「預先程序化」處理的，總之整個過程都在「控制」範圍之內。

11 David Harvey, *The Condition of Postmodernity: an Enquiry into the Origins of Cultural Change* (Cambridge/Oxford: Blackwell, 1995), 285.

12 分別參里茨爾著：《社會的麥當奴化》，頁84～88；Harvey, *The Condition of Postmodernity*, 286。

13 鮑曼(Zygmunt Bauman)著，郭國良、徐建華譯：《全球化——人類的後果》(北京：商務印書館，2001)，頁74。

14 鮑曼著：《全球化——人類的後果》，頁78。

15 參《明報》28/8/2006的報導。

16 作者按：將“power”譯為權能，包含權力和能力兩種意思。

17 Abraham J. Heschel, *The Sabbath: its Meaning for Modern Man* (New York: Noonday Press, 1994), 3.

18 鮑曼著：《全球化——人類的後果》，頁80。

19 鮑曼著：《全球化——人類的後果》，頁79。

20 陰澳也改了名為欣奧。

21 參 Jürgen Moltmann, *God in Creation: an Ecological Doctrine of Creation* (London: SCM Press, 1991), 277～280；中文譯本參莫爾特曼著，隗仁蓮等譯《創造中的上帝——生態的創造論》(香港：漢語基督教文化研究所，1999)。

22 Moltmann, *God in Creation*, 277.

23 Alister E. McGrath, *Christian Spirituality: an Introduction* (Oxford/Malden, MA: Blackwell Publishers, 1999), 91；中文譯本參麥格夫著，趙崇明譯：《基督教靈修學》(香港：基道出版社，2004)，頁161。

24 莫特曼 (Jürgen Moltmann) 著，鄧肇明譯：《公義創建未來——和平政治與造物倫理》(香港：基道出版社，1992)，頁82。

25 Heschel, *The Sabbath*, 3.

26 Heschel, *The Sabbath*, 3.

27 Heschel, *The Sabbath*, 3.

28 Heschel, *The Sabbath*, 6.

29 Heschel, *The Sabbath*, 6～7.

30 參 Heschel, *The Sabbath*, 4。

31 Heschel, *The Sabbath*, 8. 莫特曼亦曾在其著作中引用赫舍爾這觀點來討論安息日神學。參莫特曼，《公義創建未來》，頁82；另參 Moltmann, *God in Creation,* 283～287.

32 Heschel, *The Sabbath*, 8.

33 莫特曼：《公義創建未來》，頁82。

34 Heschel, *The Sabbath*, 10.

35 Heschel, *The Sabbath,* 10.

36 Heschel, *The Sabbath*, 6.

37 參Heschel, *The Sabbath*, 6。

38 米蘭．昆德拉 (Milan Kundera) 著，馬振騁譯：《慢》(上海：上海譯文出版社，2003)，頁2～3。

39 Heschel, *The Sabbath*, 6.

40 Thomas C. Oden, *Two Worlds: Notes on the Death of Modernity in America*

& Russia (Downers Grove, Ill.: InterVarsity, 1992), 109.

41 Oden, *Two Worlds* , 99.

42 按照奧登的意思，當我將過去看為對一些認為重要和會令我生命活得有意義的價值觀念加以否定的時候，我就會感到罪疚，因此罪疚與過去有關。參 Oden, *Two Worlds* , 98～102。

43 參 Oden, *Two Worlds* , 96～97, 99～102。

44 參 Oden, *Two Worlds* , 103～104。

45 古德爾(Thomas L. Goodale)、戈比(Geoffrey Godbey)著，成素梅等譯：《人類思想史中的休閑》(雲南：雲南人民出版社，2000)，頁12。

46 Moltmann, *God in Creation*, 278.

47 Moltmann, *God in Creation*, 278.

48 參 Moltmann, *God in Creation*, 278～279。

49 參 Moltmann, *God in Creation*, 279～280。

50 Heschel, *The Sabbath*, 100.

51 Heschel, *The Sabbath*, 99.

52 Heschel, *The Sabbath*, 3.

53 參Moltmann, *God in Creation*, 278～280。

54 參安息年及禧年的誡命(利二十五章)，以及耶穌在安息日治病的聖經敘事(太十二1～14)。這些記載關於安息日的經文，明顯地反映了安息日神學那種強調尊重人性和以人為本的價值觀。

55 動畫中所有的汽車和跑車都被人性化。

56 蔣勳：《天地有大美》(桂林：廣西師範大學出版社，2006)，頁7。

牧靈及生命見證篇

7

安息日與現代信徒的屬靈操練

張慧玲

一 安息日的誡命的適應性

1. 由普世人類的誡命轉化為獨特民族的誡命

摩西五經有兩段解說安息日的誡命及意義，兩段內容有些差異。首先出現在神創造了天地之後，在第七日設立安息日，在創世記第二章1至3節：「這樣，天地萬物都造齊了。第七日，上帝完成了他所作的工；在第七日上帝歇了他所作的一切工。上帝賜福第七日，把它分別為聖，因為在這一日，上帝停了他一切所創造的工，歇息了。」(新譯本) 其中「歇了」和「停了」原文是同一個字，意思是停止。神的創造完滿，沒有甚麼要加添了，祂十分滿意，便把這日分別出來，定為聖日，是為全宇宙，包括地土和人類而定。創造物要在當日享受神的美滿創造，記念祂的工完成了。安息日最先是為普世定為停止日，分享創造主的工作，享受完滿。

第二次宣佈安息日對象卻有特定的人羣，就是與神立約的以色列民，他們經歷了由奴隸釋放出來，成為自立的民族，歸屬耶和華。他們的主人用律例典章模塑新的民族。進入屬於自己國土後的新生活秩序，由基本的十誡作藍圖，安息日是其中關乎如何與神連繫，記載於出埃及記二十章8至11節和申命記五章12至15節。十誡的安息日的原由除了記念神創造外，還加上新的內涵，就是記念他們經歷神的拯救：「要遵守安息日為聖日，照著耶和華你上帝吩咐你的。六日要勞碌，做你一切的工。但第七日是屬於耶和華你上帝的安息日；這一日，你和你的兒女、僕婢、牛驢和一切牲畜，以及你城裏的寄居者，不可做任何的工，好使你的僕婢可以和你一樣享受安息。你要記住：你在埃及地作過奴僕；耶和華你的上帝用大能的手和伸出來的膀臂，把你從那裏領出來，因此耶和華你的上帝吩咐你要守安息日。」(新譯本) 從此，安息日轉化為神選民的生活規模和社羣結構，建構他們的經貿秩序、聖殿獻祭的規律(利二十三15)，有政治行政的配合，全民有一定例的安息日。

2. 神人的親密關係淪為宗教禮儀；守安息日關乎生死存亡

以色列民進入應許地，逐漸建立自主國家後，百姓漸漸偏離神的吩咐。雖然在社羣和宗教組織制約下照例在安息日獻祭，但在內心和行為上卻違背了安息日的實義。有人為了作買賣不守安息，神藉先知多次多方勸誡他們，糾正他們，要他們不作惡事(賽五十六2、6)。神在糾正子民安息日時，凸顯安息日的真義，轉它為以神為樂，享受神自己，脫離自我中心的生活。「『因安息日的緣故，你若轉離你的腳步；在我的聖日不作你喜歡作的；你若稱安息日為可喜樂的，稱耶和華的聖日為可尊重的；你若尊重這日，不作自己的事，不尋求自己所喜悅的，或不說無謂的話，你就必以耶和華為樂，我要使你乘駕地的高處，用你祖雅各的產業餵養你。』這是耶和華親口說的。」(賽五十八13～14；新譯本)

耶利米先知代神宣告他們將要被擄時，勸他們悔改，大聲疾呼他們的罪，其中一項正是違反安息日的誡命：「耶和華對我這樣說：『你去站在猶大眾王出入的城門，又站在耶路撒冷的各城門口，對他們說：「耶路撒冷諸王、猶大眾民和所有進入這些城門的猶大居民哪！你們要聽他耶和華的話。耶和華這樣說：為了自己的性命，你們要謹慎，不可在安息日挑擔子，不可挑進耶路撒冷的城門。也不可在安息日從你們家裏挑擔子出來；甚麼工都不可做，卻要守安息日為聖日，正如我吩咐你們列祖的。你們的列祖卻沒有聽從，毫不在意，反而硬著頸項不肯聽，不受管教。」』耶和華宣告說：『但如果你們真心聽從我，不在安息日挑擔子進入這城的城門，並且守安息日為聖日，在那日不做任何工作；這樣，就必有坐大衛王位的列王，並有眾領袖隨著，進入這城的城門……這城必永遠有人居住。必有人從猶大的各城……來；他們帶著燔祭、平安祭、素祭、乳香和感恩祭到耶和華的殿裏去。但如果你們不聽從我，不守安息日為聖日，仍在安息日挑擔子，進入耶路撒冷的城門；這樣，我就必在耶路撒冷的各城門點起火來，燒毀耶路撒冷的堡壘，沒有人能夠撲滅。』」(耶十七19～27；新譯本) 是否持守安息日會決定他們國家和經濟生活的存亡。以色列民沾染了各國風氣潮流，追求經濟交易，連安息日也佔用，卻看不出，真正令他們豐富的是他們的主。

忽視安息日早就預告了必然的後果，記載於出埃及記三十一章14至16節：「凡是違反這日的，必要把他處死；凡是在這日工作的，那人必要從他的族人中被剪除。六日可以工作，但第七日是歇工的安息日，是歸耶和華為聖的，凡是在這安息日工作的，必須把那人處死。所以，以色列人要守安息日，他們世世代代要遵行安息日的規例，作為永遠的約。這是我和以色列人中間永遠的記號……」(新譯本) 因為他們背離神，最終神要他們亡國，糾正他們的惡行。被擄後餘民痛定思痛，深刻反省，追索禍根，明白到神指示被擄的七十年正是他們不守安息日的惡果，土地在七十年荒涼正是補償休歇(利二十六34～35；代下三十六21)。

猶太人從被擄歸回應許地，本來要重建那敬拜耶和華的生活，卻仍受物慾的牽引，賺取厚利以保安全的心態，令他們停止了安息日。尼希米不斷修正和重建信仰生活的秩序，其中重要的一環是守安息日，甚至運用他省長的行政權力，控制城門口的開關來徹底根絕安息日買賣的行為。「那時，我在猶大看見有人在安息日踹酒醡，搬運禾捆，馱在驢上，又把酒、葡萄、無花果和各樣的擔子，在安息日運到耶路撒冷；我就在他們賣糧食的那天警戒他們。又有推羅人住在耶路撒冷城中，他們把魚和各樣的貨物運進來，在安息日賣給猶大人，而且在耶路撒冷販賣。於是我責備猶大的貴族……，所以在安息日的前一天，黃昏的陰影臨到耶路撒冷城門的時候，我就吩咐人把城門關閉；我又下令不許開門，直到安息日過了，我又派我的僕人在城門站崗，免得有人在安息日挑擔子進來。……從那時起，他們在安息日便不敢再來了。我吩咐利未人潔淨自己，然後來看守城門，使安息日分別為聖。」(尼十三15～22；新譯本) 安息日在不同時代，都需要竭力保守和維持。

3. 宗教信仰的忠誠表徵；作為民族的身份記號

十誡中頭四誡是規範人如何敬拜獨一的真神，而以第四誡守安息日為敬拜神的標準行為。神不准人用任何天地的物件代表自己，卻用一日來彰顯自己，神與子民一天親近，可見神的本性是關係性的，在關係中讓人認識祂。立約的子民停工一天，這外顯的行為，比任何一誡更明顯和具體地表示對神信仰的忠誠。正如先知以西結所言：「我又把我的安息日賜給他們，作我與他們之間的憑據，使他們知道我是使他們分別為聖的耶和華。」(結二十12；新譯本)「憑據」原文的意思是記號，為使他們從這聖日認識神自己，也是對神忠誠的表徵。尼希米也以守安息日為守誡命的代表，將它放在首位(尼十29～31)。

因著這記號，他們在普世民族中成為獨一無二，尤其當時在奴隸制度下，農業或商業沒有每周定時停工的休息日，一般的奴隸是沒有假期的。惟獨以色列人的奴僕在安息日可以舒暢，這是異乎尋常的。當亡國和被擄後，他們失去國土和聖殿，卻仍可持守安息日，成為民族的身分特徵，也是信仰的標記。無怪乎波斯丞相哈曼以這民族守的律例與波斯國不合，作為藉口向王進言除滅他們(斯三8)。猶太人在近代遭德國納粹屠殺，被囚在集中營，從集中營發現的物件中有很多燭台而得知，在極艱難下仍守安息日，他們在營中點燃燭光，作為安息日開始的禮儀。

4. 主耶穌更新安息日

耶穌時代的猶太人已將安息日的行為規定得更仔細；原本停止工作，約化為規限動作。耶穌宣佈自己是安息日的主，為安息日定真義。首先，祂刻意在安息日到會堂治病，向在場宗教領袖顯明，追求健全生命才是安息日的精義，人在安息日可照料生命，包括牲畜的生命。人在該日可以因憐憫而行事。耶穌將自己置於安息日的舞台中心，成為主角，從此以後，跟從基督的人在安息日要專一注視祂，與祂親近。舊約神的選民在安息日獻燔祭等，在神面前敬拜，基督就是那預表的羔羊和聖殿，因此，基督徒調適舊約的誡命，在安息日到基督面前，稱讚和敬拜寶座上的羔羊——耶穌基督，宣認祂的赦免和接納，享受祂的同在和愛。從那時起，安息日的生活形態不單只是停止勞碌作工，而是為主而活，學效主的生命，順服神而活。基督更新了也完滿了守安息日誡命，使它達到豐盛之境，神自始至終沒有廢掉這誡命。

總結以上所言，神子民不斷偏離安息日，神不斷將之更新和豐富。

5. 反思現代信徒怎樣偏離了安息日？

我們經驗了基督的拯救，使安息日有更豐富的意義，除了記念創造的完滿，享受休息，也記念神使被奴役的得自由，以及記念我們在基督裏成為神的兒女，記念基督。無疑我們要守安息日。可是，與歷代神的子民一樣面對誘惑，不斷偏離。現代信徒也是常有偏離安息日的誡命，主要有以下的觀念和行為的偏差：

⑴「摒棄安息日的誡命，視為屬猶太教的規條，以為新約代替舊約，記念基督復活代替了舊約五經一切節期。」

這種想法根深蒂固，甚至部分基督徒認為新約聖經才是必要的，視舊約聖經為背景資料。事實上，敬畏神的猶太人在環境條件不許可下，也將五經的律法不斷適應，例如被擄時不能到聖殿獻祭，便改為在家中點蠟燭，禱告代替。即使最卑微受困時，也沒有放棄守安息日。使徒行傳記載外邦人信主後，爭論有關潔淨條例和割禮，也沒有廢掉十誡。耶穌本身沒有廢掉十誡，祂說自己是安息日的主，祂是永活的，意即安息日是永存的。不要忘記最起初這誡命是給普世——包括土地、牲畜和人類享用的。

⑵「以為主日代替了安息日，便不用守安息日」

由於十誡沒限定那一天，總意是盡心盡力愛神，安息日從其他六日分別出來。主日以記念主復活為聖日，本是合宜的。可惜，教會甚少以守安息日的精神教信徒過主日。主日被現代信徒世俗化，以看待公眾假期的心態過這日，任意而行。結果，對社會和非信徒沒有任何吸引力和影響力。主日對信徒而言，最有宗教意味的活動是返崇拜、上主日學。在其餘時間，有些人將主日貶低為自我享受，或紓緩壓力的休息日。有些信眾馬虎出席崇拜，有些以各樣原因，一個月出席一至兩次，更甚者看返崇拜為阻礙自己休息。

⑶「盡用七日謀生」

這是斷然違反安息日以耶和華為獨一的神，顯示出基督信仰沒有涵蓋生活每一範疇。信徒仍要靠己力謀利以保障生活，成為人生的標竿，常常焦慮明天和將來。這是否現代社會中基督徒患抑鬱焦慮病與非信徒無異的原因之一？我們值得深思，若這樣生活下去，我們在世上的光便越來越暗淡。

二 安息是屬靈操練的必經之路

基督徒的生命是要不斷成長的，而保羅說他自己攻克己身，叫身服自己（林前九27），並勸勉信徒要操練敬虔（提前四8），可見基督徒的靈命必須操練才可成長。教會歷代累積了很多不同的靈修傳統，傅士德（Richard J. Foster）在《屬靈傳統禮讚》（*Streams of Living Water*）有清晰詳盡的解說。基督徒靈命操練的目的都是為了在生命中彰顯基督，以基督的心為心（腓二1～8）。靈修不是另一種工作，或是像向老板交業績，乃是心靈回家，這方面近代靈修大師盧雲神父闡釋得最細膩和深邃。生命的動力和泉源是內在的，是由心而發，所以操練的基本功不是做甚麼事，乃是敬虔、信靠和順服的操練。

1. 敬虔的操練

近代靈修神學家魏樂德（Dallas Willard）教授在其著作《天外謀略》（*The Divine Conspiracy*）詳盡和深入地闡釋耶穌的教訓，對應現代門徒生命成長的意義，既有豐富的學識，又對基督有溫暖誠摯的心。他在該書的第九章[1]指出門訓或靈修的根是內在生命的品格，這才是耶穌訓練門徒的著重點。操練的目的是像基督，主要有兩方面：第一是深刻地愛和持續地喜悅天父所造就的耶穌；第二是從奴役中得釋放，就是從舊的思想、感情和行動模式中釋放出來，打破罪和惡的權勢

(約八34；羅六6)。

魏樂德教授清晰地解說敬虔操練，認為聖經沒有提供一個系統式的操練方法，也沒有提供一條公式達至靈命成長，因為這過程是我們與神同行。耶穌的道路是首先要求我們定意遵行祂，只要信徒肯委身，便可從羣體、救贖性歷史，並從人類的良善意識中吸收和得模範，從而領悟過程中具體的細節。

正如保羅向歌羅西信徒的教導，頭兩章他提及效法基督的首要目的是在基督裏。第三和四章立即轉向第二個基本目的，就是治死你們在地上的肢體，「但現在你們要除去忿怒、惱怒、惡毒、毀謗，以及粗言穢語這一切事……因為你們已經脫去了舊人和舊人的行為，穿上了新人。**這新人照著他的創造者的形象漸漸更新，能夠充分認識主**。」(西三8～10；新譯本)注意信徒穿上的是內心的質素：憐憫、恩慈、謙卑、溫柔和忍耐(西三12)。

他認為任何一種操練是指我們能力所及的任何活動，藉此加強我們的能力，去完成一些我們不能直接及自然就能做到的事。屬靈操練是為了幫我們在心中活躍於靈性氛圍，藉著恩典，靈性得與神和祂的國度相連結。[2]

例如我禁食，好讓我認識維持我的生命要靠另類食物；我唸誦和默想聖經，好讓神國的秩序成為我的心思和生命的秩序和能力。我們以不同的方式運用我們的身體，為要征服我們的思想習慣、感受習慣和行為習慣。這些習慣過去管治我們的生命，使我們以別神為神，讓我們忽視神的國。例如謝飯禱告，崇拜收奉獻等，目的是要征服我們以自己為神的意欲。合宜的紀律可以發展新的習慣，目的是使我們的身體成為可靠的伙伴，並成為屬靈生命的資源。從初期的「心靈願意，肉體卻軟弱」，漸漸過渡到肉體與心靈合拍，肉體支持心靈更深的渴求。訓練是重要的，它讓我們從心裏做耶穌認為最好的事。

門徒訓練是要從主耶穌身上學，跟祂練習，按我們的處境適切地倣效。耶穌曾參與甚麼活動以培育祂與父神的關係，我只需要跟祂參與那些活動便可以了。祂的活動包括獨處、安靜、研讀聖經、祈禱和服事他人。主耶穌四十日在曠野，我們可能要用三至四日退修。我們要以嶄新方式進行慣常的靈修，例如找一個房子一個人單獨一小時禱告。門徒訓練不可能有一張清單列出所有操練，我們只須要有一些核心的部分，分為兩方面：節制（Abstinence）的一面，就是獨處和安靜（Solitude and Silence）；另外是積極（Positive engagement）的一面，就是研讀和敬拜（Study and Worship）。

節制的一面正是安息日的精義；安息的原意是停止，有獨處和安靜的意義。讓自己獨個兒一段長時間，停留在那裏，不要預設一張效果清單。不聽見嘈音，也不向自己說話，心靈內沒有聲音。我們需要較為舒適的環境，不要想著要當靈修的英雄，正是安息日不種不收的意思。我們需要休息，睡覺直到完全清醒才起牀。我們需要停留足夠長的時間，讓內心清徹明亮。我們會發現自己心靈的空洞漸漸被天父的同在所充滿，心靈有回家感覺，就不用被「我應該做這，應該做那」所催逼，我們可以用心愛神。

獨處安靜能發揮以下重要和深遠的效用：

(1) 停止和安靜可讓我們破除舊習慣、壞習慣，在心靈裏種植基督的品格。安靜提供空間讓我們辨認自己與世界接觸時習慣的反應，並且作出選擇和將之替換，尋求神的幫助作出不同的反應，是合乎天國價值的反應。

(2) 可讓我們改革內心對人、事和物的態度。安靜打擾我們不斷管理事情的習慣，「要在掌握之中」的習慣。屬靈最大的收穫是有能力不做任何肉體的事，一無所有。當我們停下來，起碼你可以留意天父的同在，接受祂掌管。安息日正是給我們有規律的安靜，不做任何工。醫治「太多事等住我做」的病。

(3) 抽離和獨處可以醫治「孤單」，因為我會發現與神同在，我永不是單獨的。

(4) 停止為滿足自己而作工，使我們從內心的渴望中獲釋，便能從心中愛別人，想念別人。

當獨處完成它的功用後，進一步的關鍵是研讀。主的門徒是一羣想將天國的秩序帶入生命中的人，這就需要將天國的秩序內心化，研讀就是主要的方法。他們要投放注意力於聖經、行這道的人、大自然、歷史和文化中各樣美事，思考地提問，實際體驗天國。因此，保羅提醒腓立比的信徒「你們要思想……」(腓四8～9) 研讀不單是資料搜集，而是對所讀的密切注視和內在化，為要將我們融合在神永恒的國度裏。將所讀的東西，其秩序和本性吸收入思想中，進而吸收入感受和行為。研讀和練習幫助人做到一些事是他們原先不能直接做到的。

研讀中有敬拜，向神尊崇祂的偉大、美善和榮耀；有時頌讚、有時靜默、有時將意志歸降。隨之而來的，自然是會服事人和信徒彼此的團契。故此，安息是屬靈操練的首要部分。

2. 信靠和順服的操練

耶穌曾說：「信那差我來者，便是作神的工。」信是得救的入門，也是持續與神結連的要素。神既是全能的父，是萬王之王，掌管天地，是我們的力量和保障，我們要怎樣待祂呢？詩篇四十六篇10節指教我們：「你們要住手，要知道我是上帝。」(新譯本) 住手的原文是停止，與安息的原文同字。真正對神的態度是停止靠自己，才是信靠神，因此，我們得救在乎歸回安息，得力在乎平靜安穩。停止就是信心的表現，守安息日時停止工作，就是信心的操練。

信心偉人和敬虔前輩慕安得烈 (Andrew Murray, 1828～1917) 貢獻一生在南非宣教和牧養，被公認為南非凱西克運動 (Keswick Movement)[3] 之父，著作二百四十多本屬靈書籍，又鼓勵信徒天天讀經，推動聖潔運動。他被描述為「完全讓主使用他⋯⋯他是如此柔和謙卑，滿有基督，當人和他在一起時，就覺到主的同在。⋯⋯他在中國內地會的年會 (在英國舉行) 上講話，是奇妙地充滿著火焰和能力。⋯⋯晚年適逢世界大戰，外面雖然充滿憂患和騷擾，他的靈卻進入神的平安，一天深似一天。他家人寫著：『父親現在說話非常穩靜，很少用力，聲音不太宏亮，但極有靈力，似乎是永世邊緣的來聲，⋯⋯他喜歡活著傳達神的信息，他很少說話，節省力氣為主工作，然而他的一生中，從來未曾如此愉快和平安。世界和其中的趣味都已中止，惟獨神的國和神的利益奪佔了他的心意。』⋯⋯在慕安得烈離世前夕，即他準備就寢時，他說：『我們既有一位這樣偉大、榮耀的神，就應當常常在祂裏面高興快樂。⋯⋯哦，永遠可稱頌之榮耀的神，用祢的恩慈滿足我們，叫我們一生在祢裏面歡喜快樂。滿足我，使我也能常常以祢為樂。』」[4]

慕安得烈於《絕對順服》一書提出信心的內涵有三方面：信心的第一個意義是在神面前完全無能和無助，一切信心的根基是覺得無助。「許多人說：『我相信你所說的。如果我能完全信靠，常與主同住，一切都沒有問題，因我知道，神是值得我們信靠的，但有一個難處，我如何得著完全的信靠呢？』我的回答是：『藉著己的死。信靠自己不但徒勞無功，且是最大的攔阻。若是你一直抓住自己的智慧，思想和能力；你就無法完全信靠神。當你被神破碎了，每件事在你眼中，都變得模糊；且你覺得自己一無所知時，神就臨近你了。如果你俯伏在無有中等候神，祂將成為萬有！』當我們還保留一點甚麼時，神就不能成為我們的一切，祂的全能就不能自由作工。這就是信心的開始——對己完全的失望，停止對人及對地上事物的期望，只尋求神做我們的希望。」[5]安息日也是要求我們不靠己手耕作，停止種和收，只靠神供應。

其次，信心是安息。當信心停止掙扎，且將它拋錨並安息在神身上時，喜樂和得勝就必臨到了。他提及一個貴族從迦百農到迦拿求耶穌醫治他的兒子，「他抱著很大的期望來到耶穌前，但他並沒有得著幫助的憑據。耶穌只對他說：『回家去，你的孩子活了。』那貴族就這樣簡單地相信耶穌所說的話，他安息在這話中。他沒有得到醫治他孩子的保證，只有基督的話，而且，他得走七小時的路程才回到家裏。他回去了，在路上遇見他的僕人，得知他的孩子活了的消息。正當前一天的下午，耶穌向他說話的那刻，熱就從孩子身上退去。這個父親安息於耶穌的話和祂的工作中。他返回迦百農，發現孩子好了，他讚美神，他的全家都信了主，成為耶穌的門徒。……當神保守的應許臨到我時，我就只抓住神的應許，不信靠地上任何事物，也不憑眼見，向神說：『祢的話足夠了——被神的能力保守。』這就是信心，這就是安息。……當一個人的生命在受發脾氣、急躁、憤怒、不友愛、驕傲和犯罪的試煉時，卻能安息在神的大能中，這是一件大事。在這種情況中，不依靠人的話語或心中的感覺，而藉著神的話得剛強『因信被神的能力保守』，進入全能者耶和華的盟約中是一件大事。」[6] 安息是信心的內涵，那麼安息日就是全日在神大能中。

最後，信心就是與神交通。「如果你要進入神聖的生命中，你必須花時間與神交通。有些人告訴我說：『我的生活非常忙碌，所以我沒有時間與神同在。』……啊！這就是缺乏了。請你記得兩件事：我曾告訴你要信靠這位全能的神，不是叫你信靠在書上神的話，而是要你來到全能的神和祂的話前。與神來往，正像那位貴族與活活的基督耶穌來往一般。他為何能相信耶穌基督對他所說的話呢？因為他親眼看見神的兒子耶穌，並聽見耶穌對他說的話，這些事情都讓他感覺到了，以致他能信靠祂。這也是基督能為你我所作的。不要嘗試從心裏激起信心，我時常如此嘗試，卻完全是愚妄。你無法從你心的深處激起信心的。放下你的心吧！注視基督的榮臉，傾聽祂告訴你——祂將如何的保守你。轉眼注目在你親愛天父的面上，每天花時間與祂同在。帶著深深的虛心，像一無所有的人，盼望從祂得著萬有，而開始一種新的生活。帶著沉靜的安息在永活的神，萬有的耶和華面前，並試著證明：如果祂樂意打開天上的窗戶，將祝福傾倒下來，我們將無處可容。……我們的父是樂意隨時將祂自己顯示在我們心裏，祂能讓祂愛的光輝整天照耀我們。……如果你願意單單信靠祂，你將永在此光中，讓我們全心全意的信靠神。」[7] 安息日是具體實踐盡心、盡意和盡力愛主耶和華我們的神，在那日到神的殿即祂的同在中與祂親近，向神獻祭和禱告，與祂交通。

總括而言，安息日是神設計的屬靈操練，不論古往今來都是為著人類的好處而設，為了與人分享祂的一切祝福和美善。守安息日涵蓋豐富的屬靈生命質素，持守是一種操練：是成聖的道（出三十一13；賽五十六4；結二十12），得以認識神無條件的愛和親近；是以行動表達信靠順服神；是分享神的品格——憐恤奴隸，使人舒暢，關愛家人；是制約自我利益，捨棄自己私意，謙卑宣認自己是受造物，使人完全注視神，歸向神。正如耶利米書十七章所教導的，守安息日與否是關乎生死存亡，是盟約的憑據，是信仰的核心。

三 獻議：現代信徒如何以守安息日作為靈命操練

1. 停止（安息的希伯來文字根之意）的規律——「六與一」的規律

我們應定意在每周撥出時間分別為聖，以安息的心享受與神同在，首先定開始與結束的時間，然後作好準備，使這段時間可實踐安息日的內涵。基本上主日是大部分信徒可選擇的日子，但要適應現代社會的工作規律，部分信徒以「六與一」原則，可以選其他周日作為安息日。有輪班工作的信徒，可以選每周有三小時或六小時或半天為其安息「日」。重要的不是律法主義而是在該段時間遵行神的規劃——進行「停止」的操練：

(1) 不扮演神的角色，不以為自己掌握和控制大局，不以為事情受自己支配。(Cease from playing God's role)
(2) 不追求生產力和效果，不評估效益，以不種不收的心態過活，享受此時此刻。(Cease from productivity)
(3) 不以自我中心，不謀改變環境，不為急於完成而苦幹，放開雙手。(Cease from self-centred, hardworking, problem solving)
(4) 不在平日返工的職場逗留，回到家中、友鄰、教會或大自然。(Cease from working fields)
(5) 不為明天謀算或焦慮將來，安息於神。(Cease from anxiety for tomorrow)。

若信徒不慣靜止和休息，值得參考芭彤(Ruth Haley Barton)著的《會晤孤靜》和周金海著的《安靜等候神》。

2. 注視神

分別出來的一天是為了記念創造和代贖完成，分享神所創造的一切美物；人要成為被動者，退下來，整天親近神、意識神、等候神、記念神，奉獻禮物給神。不是為自己有多一天假期而隨從世俗的宴樂，而是以等候主、以神為樂成為該日的焦點。這天要在屬靈羣體中彼此滋養和實踐安息的意義。我們實在需要聖化星期日，更新對神的敬拜，重新確認我們所敬拜的神是時間的主。崇拜集會中的一切活動是在獻禮物，不是注重自己所事奉的得失成敗，乃是歡歡喜喜地參與，並接受基督救贖的禮物，因主已復活並獲得全勝。

主日崇拜以外的活動，也該抱著注視神的同在，以神為樂，用心思來安排。筆者自從二○○四年夏閱畢唐慕華（Marva J. Dawn）的《俗世中的安息日操練》，便重新為主日注入安息日的內涵。首先改變對崇拜和事奉的意識和取態；若要講道，便必在事前預備好，而周六有充足的睡眠；講道或某事奉要承擔，便以獻禮物的心專注給神，不追求別人的評價，也不要自我評價；奉獻的環節，從錢袋取金錢投入奉獻袋；午餐找舒適和安靜的地方享用；若要領小組，便在聚會中注入親近神的時間；若要開會，便以安息的心，期間抽時間默禱；不預先填滿活動，預留空間讓神調動；有空間便享受無拘束的午睡。我刻意行動放慢，享受深度的休息，間中周六至主日到靜修院與神單獨約會，不帶書，不帶任何主題，以神為樂。這樣，兩年以來，神領我進入更自由、更有創意和喜悅的生活。

3. 使奴僕舒暢

因有一天留出空間和時間，就可以留心身邊被壓制的人，尤其在香港受工作壓迫和活在病態的世俗文化中的人。神的誡命是要使奴僕舒暢，因此我們要顧念社羣中受困苦的人，為他們得釋放而出點力。筆者雖然不是中學教師，但在一次安息日陪當教師的組員上街遊行，反欺壓教師，要求當局正視教改的偏差，她們甚得鼓舞。以身作則，鼓勵身旁的好友多親近主，享受安息，也是一種令人舒暢的美事。筆者的小組組員已自發間中以郊遊為開組活動，使主日的生活更豐富。

神當日叫以色列民使奴隸在安息日休息，實在是創舉，甚有智慧，是當時代革命性的生活方式，徹底顛覆奴隸傳統，注入尊重生命的元素。安息日該是與孤兒寡婦的天父同行，祂行公義好憐憫。只要信徒先定意分別一天出來，漸漸我們會有更多空間建立教會；漸漸我們的自主感增強，體力恢復，心力恢復，便有創意為社羣做點事；當我們如此行，便讓神享受與我們同行，感動我們，醫好受傷的人，扶持軟弱的人。重活安息日首先釋放受壓過重的信徒，重建健康的體質，隨後在社羣中見證基督。

4. 重享天倫之樂

安息日是家庭團聚之日，因為要停止作工，便可回家親手料理自己及家人，享受美食(利二十六34)。一家人到聖殿讚美和重述神的拯救，也在家中將神的救恩代代相傳，重活在神的同在中，經驗神每周新的供應。

四 總結

讓我們切實遵守十誡和其精義，用神設計的方式培養屬靈生命，重新聖化主日，我們必承受神的應許：「只要我的子民聽從我，以色列肯遵從我的道，我就迅速制伏他們的仇敵，把手轉回來攻擊他們的敵人。憎恨耶和華的人必向他假意歸順，他們的刑期必永無止境。但我必把上好的麥子給你們吃，又用磐石裏的蜂蜜使你們飽足。」(詩八十一13～16；新譯本)祂必使我們身心靈得飽足，只要我們養成守安息日的習慣，不靠感覺。這行動會承托我們，作我們認識神的記號，使我們能一直知神和我們同在。我們會因這聖日，祝福其餘六日，整個人漸漸改變得更自由、謙和、喜樂、具創意和自主。

參考書目：

Dallas Willard. *The Divine Conspiracy: Rediscovering Our Hidden Life in God*. New York: HarperCollins Publishers, 1997.

傅士德(Richard J. Foster)著，袁達志譯。《屬靈傳統禮讚》。香港：天道書樓，2001年。(原著：*Streams of Living Water*)

傅士德(Richard J. Foster)著，周天和譯。《屬靈操練禮讚——靈性增長之道》。香港：學生福音團契，1982年初版，1993年增修版。(原著：*Celebration of Disciple: the Path to Spiritual Growth*)

唐慕華(Marva J. Dawn)著，陳永財譯。《俗世中的安息日操練——停止、休息、擁抱、享受》。香港：學生福音團契，2003年。(原著：*Keeping the Sabbath Wholly*)

江守道編譯。《慕安得烈小傳》。香港：基督徒出版社，1998年。

慕安得烈(Andrey Murray)著，戴致進譯。《絕對順服》。台北：中國主日學協會，1974年。

芭彤(Ruth Haley Barton)著，紀榮智譯。《會晤孤靜》。香港：天道書樓，2006年。(原著：*Invitation to Solitude and Silence*)

周金海著。《安靜等候神》。台南：基督磐石之家，2003年。

盧雲(Henri J. M. Nouwen)著，香港公教真理學會譯。《從幻想到祈禱》。香港：公教真理學會，1976年。(原著：*Reaching out: the Three Movements of the Spiritual Life*)

譚沛泉著。《平凡生活與靈修》。香港：道風山基督教叢林，1999年初版，2004年增訂版。

候特(Bradley P. Holt)著，楊長慧譯。《基督教靈修神學簡史》。香港：道風山基督教叢林，1997年。

蔡貴恆、崔妙珊合著。《都市人的靈命塑造》。香港：天道，2005年。

註釋：

1 Dallas Willard, *The Divine Conspiracy: Rediscovering Our Hidden Life in God* (New York: HarperCollins Publishers, 1997), Chapter 9: ‘A Curriculum For Christlikeness’, 311～373.

2 意譯自魏樂德(Dallas Willard)的原文：“A discipline is any activity within our power that we engage in to enable us to do what we cannot do by direct effort. Spiritual disciplines are designed to help us be active and effective in the spiritual realm of our own heart, now spirituality alive by grace, in rela-

tion to God and his kingdom." (*The Divine Conspiracy*, 353)

3 凱西克運動(The Keswick movement)始於一八七〇年英國，延伸至美洲。它志趣在追求更崇高的生命，是由慕廸的傳道運動所引發，也受著當時的美國屬靈導師的著作所滋養，這些著作包括：Walter Marshall, *The Gospel Mystery of Sanctification* (初版於1692年)；W. E. Boardman, *The Higher Christian Life* (Boston: Henry Hoyt, 1858)；Robert P. Smith, *Holiness Through Faith* (London, 1870)，以及 Hannah W. Smith, *The Record of a Happy Life* (1873)。(參wesley.nnu.edu/wesleyan_theology/theojrnl/01-05/01-2.htm)

4 記載於江守道編譯：《慕安得烈小傳》(香港：基督徒出版社，1998)，頁71～90。

5 慕安得烈(Andrew Murray)著，戴致進譯：《絕對順服》(台北：中國主日學協會，1974)，頁109。

6 慕安得烈著，戴致進譯：《絕對順服》，頁110～111。

7 慕安得烈著，戴致進譯：《絕對順服》，頁112～114。

8

如何作一位「七日聖徒」——歸回安息

張天和

一 引言

「天地萬物都造齊了。到第七日，上帝造物的工已經完畢，就在第七日歇了他一切的工，安息了。上帝賜福第七日，定為聖日，因為在這日上帝歇了他一切創造的工，就安息了。」(創二1～3)

上帝六日工作，第七日歇了一切的工，為人類定下了工作與休息的規律和樣式。因此筆者在文章開始時，先表明不強調「安息日」是那一日(星期六——猶太人傳統的安息日，還是星期日——主日，甚至是任何的一日)；重要的是，六天工作，一天安息，這是「聖日」。

「如何作一位『七日聖徒』」，看起來是一個偉大的題目，似乎是要為信徒提供作聖徒之方法。事實上，筆者沒有意圖這樣做，也沒有資格這樣做，只是想將對安息日之反思，與日常生活中一些操練，跟讀者一同分享，作為經驗上之交流。

本文會從筆者早年實踐安息日開始，繼而對安息日作出個人之反思，最後是分享安息日之操練，及將操練延伸至每一日——「七日聖徒」的操練。

二 從早年實踐安息日說起

筆者早年在實踐安息日方面，深受師長教導之影響。筆者接受神學訓練時，有師長教導，上帝在第七日停止一切創造之工，但不是停止一切作工；因始祖犯了罪，上帝就開始了救贖之工。所以，他認為在「安息日」要停止一切日常之工作，只做一些與救恩有關之工作。他舉出一個例子，深深印在筆者的腦海中。他說：「就算百貨公司在星期日大減價，我們基督徒也不應等待到那日才去購物。」這就成為了筆者守安息日的觀念。

多年來，筆者盡量按照師長之建議去實踐，除了非常重視主日外，更盡可能不做其他工作，只做與救贖有關之工作，就是事奉及與事奉有關之事情；甚至對內子，對其他弟兄姊妹也有同樣的要求。但事實上，主日比平日更忙，會有更大的壓力。筆者就是這樣實踐著心靈及身體都得不到安息的「安息日」。

一天，有信徒向筆者申訴，指出信徒在「安息日」得不到安息，反而教牧人員可以在七日中另找一日去享受安息。信徒的提問迫使筆者思想：安息日的意義何在？如何在緊張繁忙的生活，以及填得滿滿的日程表中保留及享受安息？這豈不是上帝的心意嗎（參太十一28～29；來四6～10）？安息日及每一日應該做些甚麼呢？

三 對安息日之個人反思[1]

上帝除了自己在安息日歇了一切的工外，更透過十誡命令以色列人要守安息日（參出二十8～11）。以色列人守安息日，除了因為這是上帝在造天地時定下的聖日，也因為上帝要以色列人記念祂在埃及地施行的拯救。他們在埃及為奴四百年，沒有一日的休息，他們不被視為人，而是奴隸，所以他們要回復神照著自己形象所創造人的本性（參申五12～15）。因此，安息除了指工作的安息之外，也包含得救的安息，就是在「非人性化」的過程中被拯救出來。上帝賜福給安息日，就是要使被造之物，得以享受上帝安息的能力、恩惠、和平以及其他福氣（參出三十一17）。誠然，當人歸回安息之時，就可以得救（賽三十15）。地也當守安息年，一方面是讓地得以休養生息，土壤可以重新儲蓄養份；另一方面，也是叫窮人和走獸可以享受安息的福氣（參利二十五3～7）。

《俗世中的安息日操練》的作者唐慕華（Marva J. Dawn）在書中同樣指出安息日是要停止，並恢復活力。[2] 安息日是神叫人經六日的「束縛」後，得到休息和自由，「恢復活力」為迎接下星期的生活，安息日並非窒息生命，反而是帶來釋放，取回人性。這是安息日的基本精神。以前對安息日的印象總是不能做這事，不能做那事，耶穌因不守安息日規條而受到批評和指責；總之，安息日的規條給人很多束縛。

然而，以上的反省，卻對安息日的含義產生新的理解，現總結如下：

1. 工作神聖，休息亦然。「工作狂」不是上帝所喜悅的。
2. 上帝命定大自然的規律是作息有時，違逆這規律於生命無益。反之，服從作息的節奏能使生命豐盛。

3. 我們雖然不贊成享樂主義，但是上帝喜悅我們享受勞碌的成果。
4. 休息是養精蓄銳，休養生息，使我們可以走更遠的路。休息提供生命成長所需的空間，消化生命中各種各樣的經驗。
5. 休息是要記念上帝的恩典。休息不是為著滿足自己的肉體，因此，有需要斟酌休息的方式。
6. 休息是為要得著安息，安息是在基督裏的恩典，因此，最有益的休息是能夠與主相遇的休息。

四 安息日的操練

有關安息日之操練，《俗世中的安息日操練》一書提供了豐富的資料及具體可行的生活模式。[3]因此，筆者所提的是安息日操練的大方向。

「當記念安息日，守為聖日。六日要勞碌做你一切的工，但第七日是向耶和華你神當守的安息日。……無論何工都不可做；因為六日之內，耶和華造天、地、海，和其中的萬物，第七日便安息，所以耶和華賜福與安息日，定為聖日。」(出二十8～11) 上帝透過十誡的命令把「安息」制度化地放入祂子民的生活中，看來是要保守我們不致失落於急速節奏的生活中。

我們知道十誡的內容，但經常輕視了第四誡的意義。十誡的前三誡說的是愛神應有的行為，後六誡講的是愛人應有的倫理，而第四誡(守安息日)同時是愛神愛人(包括自己)應有的屬靈操練。這是一個巧妙的安排，安息日提供了一個空間，讓我們藉此思想神是誰和恢復與神親密的關係；並思想自己是誰，並調整與己與人的相處方式。

現在筆者就從這兩個方向去思想在安息日的操練：

1. 確定自己應有的身份

在安息日所提供的空間裏，我們要確定自己只不過是一個人，並不是上帝、救世主。

出埃及記二十章2至3節：「我是耶和華你的神，曾將你從埃及地為奴之家領出來。除了我以外，你不可有別的神。」上帝似乎要提醒我們：耶和華才是真正的上帝，我們本來是為奴的。日常生活中，我們有太多機會將自己看成上帝。周遭的環境，身旁的人，自己的成就，會慢慢將我們抬高，使我們變得越來越重要，以致模糊了自己的身份，錯置了自己的位置。

我們學習不要把自己看得太重要，錯覺各樣大小事情之成敗繫於一身。接納自己只是人，頂多是一個被神所愛而拯救的罪人；同時接納這身份所包括的一切限制，這有助於對付我們要操縱和事事照己意行的慾望。

2. 放下自己，尊上帝為大

在安息日所提供的空間裏，我們要放下對人、對事，甚至對上帝的操控，單單尊上帝為主宰。

出埃及記二十章4至7節：「不可為自己雕刻偶像，也不可做甚麼形像彷彿上天、下地，和地底下、水中的百物。不可跪拜那些像，也不可事奉它，因為我耶和華你的神是忌邪的神……不可妄稱耶和華你神的名；因為妄稱耶和華名的，耶和華必不以他為無罪。」明顯地，上帝要求祂的子民要尊祂為大，尊祂為獨一的上帝。

在當時的背景中，人們為神明雕刻塑像和重複唱頌神明的名字，以為這樣是有效的辦法去操控和支配神明的力量。[4]上帝用這兩誡是要禁止我們以任何形式和方法來操縱利用上帝。

其實，宗教可分為：低等宗教及高等宗教。拜低等宗教的人是用神來幫助自己，即控制神、利用神；而拜高等宗教的人是思想如何去服事神。從宗教的角度看，基督教是高等宗教，很可惜今日很多人信基督教，但他們卻用拜低等宗教的情操、態度去拜。換句話說，將耶穌當成是菩薩的一位，看耶穌能幫我做甚麼，而不是我可以怎樣去服事祂。

安息日幫助我們停止「自己做神」和「製造神明」，反省自己是否有尊神為大。

3. 評估自己對工作的意義及態度

在安息日所提供的空間裏，我們暫時放下工作來了解工作的意義。

創世記二章2節：「到第七日，神造物的工已經完畢，就在第七日歇了他一切的工，安息了。」上文提及停下來是要恢復活力，筆者認為，除了是恢復體力去工作外，更重要的是恢復活力帶著使命再進入工作裏。

相信大家也聽過一個故事，就是「薛西弗斯的神話」。在神話中講述薛西弗斯因觸怒諸神而被懲罰，要他將一塊大石推上山頂。然而，大石在未到達山頂，便因本身的重量從山上滾回山腳。於是，他又要再次將它推到山頂，但石頭又再次的滾下來。如是沒有盡時，他就要不停地嘗試把石頭推到山頂上。這種徒勞無功、毫無希望的苦工，可算是最可怕的刑罰。

在今天的社會中，我們都好像遭遇薛西弗斯同樣的命運，每天返工、工作、吃飯、放工、睡覺，然後又返工……有時不覺停下來問：「究竟我是在作甚麼？這樣機械式的生存，究竟有甚麼意義和目的？」

我們會知道薛西弗斯的經歷是人與神隔絕的自然後果，但我們會追問：「那麼，基督徒的存在目的與意義又是甚麼？他何嘗不是與世人一樣，每天都是機械式的返工、放工、吃飯、睡覺？」

在進入安息時，在上帝的光照下，評估過去六天的工作是否與神起初呼召自己進入這工作時的使命相符，自己的工作態度能否稱得上是「好」。我們是否已經失落了工作的呼召感？是否以工作來定義自己的身份價值？是否將工作只看成是「餬口」的工具？

4. 面對自己的屬靈情況

在安息日所提供的空間裏，我們除了看自己的工作外，也要檢視自己的屬靈景況。

路加福音十三章10至17節記載，耶穌在安息日治好一名病了十八年的女人，引起管會堂之人的憤怒，耶穌就這樣說：「假冒為善的人哪，難道你們各人在安息日不解開槽上的牛、驢，牽去飲嗎？」(路十三15) 耶穌的斥責提醒了我們要關注自己之屬靈實況，要檢視與上帝之關係。

我們努力地為擴展上帝的國度而奔跑，全心投入教會的生活及事奉中，但信仰中的價值與美好是否有在自己的生命和家庭中彰顯？我們是否變成教條主義？是否講的是一套，做的是另一套？

在人前，我們是何等的「屬靈」，實際上我們有沒有別人印象中的那麼「屬靈」？我們在拚命賺錢的時候，有沒有賠上了自己？我們又有否由於不敢面對自己內在深層的問題，而用忙碌的工作來逃避呢？我們有沒有失去事奉的喜樂，就用拚命地事奉來博取人的讚賞以獲得小小快樂的補償？我們有沒有因經歷不到神的愛，而不自覺地拚命以事奉來賺取祂的喜悅？

5. 等候上帝，享受上帝的同在

在安息日所提供的空間裏，我們停下來，嘗試調整自己的步伐，好與父神的節奏一致。

以賽亞書四十章31節：「但那等候耶和華的必從新得力。他們必如鷹展翅上騰；他們奔跑卻不困倦，行走卻不疲乏。」聖經常常提醒我們：你們必須等候主！因此，應該避免跑得比上帝所期望的更快。我們應該尋求上帝的步伐，取得跟上帝同步。不要跑在上帝的前面，也不要落後。你若做到這一點，就能享受到與主同行的福份。[5]

因為我們實在行得太快，上帝未有顯示心意前，我們已代上帝作出了決定，並以為這是祂的心意；在祈禱中，我們講完了我們的需要，未給予上帝機會説話，我們就草草説：「阿們。」有人曾以「你的神太急促了」來形容信徒性急、缺乏耐性、要見即時果效的傾向。然而，這種心態對教會最大的傷害是使信徒靈命膚淺，因為靈命的塑造、內心的對付是不能在匆匆忙忙、急功近利的節奏下孕育的。[6]

當我們調校自己的步伐，我們才願意「花」時間與神同在，享受那超越時間的時間，體驗那一份因經歷上帝，以致在喧鬧中得寧靜，不安中得平安。有人形容，生命好像一支燃點著的蠟燭，但我們不用急著要將蠟燭的兩頭都燃點著，以致生命耗盡。

6. 容讓上帝自由地作祂的工作

在安息日所提供的空間裏，讓上帝真正成為上帝。

詩篇四十六篇10節：「你們要休息，要知道我是神。」進入安息日，我們不單停止扮演上帝，更加要讓上帝真正成為我們的上帝。

當我們停下來看別人工作，有時很想去幫他一把。這種行動的背後，是反映對自己的信任，或自覺有某些「強項」，自己勝任有餘，或對別人的不信。同樣，我們對上帝也會這樣。

安息是要我們承認對生活的終極把握和保障，都不是我們雙手所能操縱和賺取的。安息要我們真正停下來，等候上帝做祂按著祂心意和時間所要做的事情。等候是一項很難學習的功課，我們再不可將把握建立在自己身上，要任由上帝做。我們自覺懂得做的事情，又不可以插手，這是很難的；除非我們真感到無助，無能為力。

一次，筆者與家人乘坐長途巴士前往廣州，巴士在途中出了些毛病而停在路邊，眼見司機將一件一件的零件拆下來，心中不禁地想：他能否修理得好？修妥後是否安全？更換另一部巴士罷！但自知在這方面不懂又無能，惟有相信司機，耐心等候他按他的方法完成修理工作。其實，這是信心和順服的操練。在安息日裏，我們在上帝面前要體會同樣的經驗。

等候帶來無比的力量，因為是上帝自己在作工。

7. 讓身心靈休息

停止工作、停止擔憂、停止爭競、停止自己扮演神，讓身、心和靈有休息，等候回復起初狀態。畢德生認為，守安息日並不在乎做了甚麼，而是沒做甚麼。[7]所以，享受休息並不表示我們甚麼也不用做，重要的是我們能放下那日常纏累我們的工作，而在耶和華神面前歡樂，享受與他的親近。

安息日像是生活的盤點日，店主在週末盤點他的存貨。上帝也希望對我們進行盤點，好叫我們知道自己生命中還擁有甚麼？還缺乏甚麼？甚麼東西是我們已經用盡了的呢？我們的貨架是空的嗎？東西都給出去了嗎？我們與主相處的時間，可以說就是一個補貨的動作，把我們一星期中所花掉的從新補回來。

五 作「七日聖徒」的操練

筆者常聽見對基督徒有這樣的批評：星期日或是返到禮拜堂才像基督徒，平日就跟其他人無異。其實，筆者認為單談安息日操練是不足夠，需要將操練延展至每日的生活中，以致成為「七日聖徒」的操練。但由於不能停止工作，故操練內容當然會有所不同，但安息日之精神仍舊不變。

筆者個人粗略地將基督徒分成三大類：「聖人」、「俗人」及「高人」。「聖人」——出世者，他不問世事，與世無爭，不吃人間煙火，頭上有光環；「俗人」——屬世者，他與世界融合，同流合污，認不出他是基督徒；「高人」——入世而不屬世者，他能將信仰不經意地在生活中表達出來。他們「靈巧像蛇，純良像鴿子」，他們雖然與世界很接近，但沒有受世界污染，有自己清晰的位置與角色。

「聖人」與「俗人」在教會中都為數不少，他們會互相指責，甚至謾罵，但也會接納這種現況。「高人」則為數較少，因為他們入世之故，又容易被誤會為「俗人」，故此他們是孤單的。你願意做那一類基督徒呢？相信我們都期望做「七日聖徒」，入世聖徒，將安息日精神延展至每一日。

1. 作「七日聖徒」，實踐信仰的條件

在談操練之前，先回到一些實踐信仰的基本問題及反省。筆者只提出三方面：知識、能力及付代價。

1. 知識方面：我們要認識正確的知識，雖然知不一定等於行，可是不知就一定不能行。

2. 能力方面：在實踐信仰上，我們是靠自己的能力，抑或是靠上帝的能力？直接的反應，當然是靠上帝的能力。這固然重要，但想深一層就會發現，我們也要努力、盡力。

3. 付代價方面：信仰本身就要求信徒付代價，代表我們表面上好像有所失。筆者認為，在作「七日聖徒」時要考慮到：(1) 堅持聖經的原則；(2) 持守基督教倫理，這是一條十字架的道路；(3) 舊我要被釘死，新我才能活出。

2. 作「七日聖徒」，破除對「神聖」與「凡俗」的誤解

除了一些實踐之基本條件外，也要瞭解有甚麼觀念影響著我們，甚至成為實踐的攔阻。

1. 避免用簡單的「二元論」看世界：筆者深覺得今天仍有很多信徒持守傳統「二元論」的看法看世界，將「屬靈」、「屬世」作出清楚的劃分。事實上，「屬靈」與「屬世」不純是客觀

外在活動的問題，而是內在心態的問題。一個在隱密處為信徒禱告的人，跟一個鬧市中盡忠職守工作的人，可以同樣是「屬靈」的。

2. 為三餐也是神聖：筆者有機會拜讀龔立人所寫《神聖與凡俗——市井的信仰與靈性》一書，深被這個標題吸引。他指出「召命是上主對我們回應天國呼召的描述。在這意識下，神聖不在於做那一類工作，卻在於當事人從上主而來的召命。只有後者才會為工作帶來意義和價值。」[8] 聖經也說：「無論做甚麼，都要從心裏做，像是給主做的，不是給人做的，因你們知道從主那裏必得著基業為賞賜；你們所事奉的乃是主基督。」(西三23～24) 就成為信徒們的工作態度。霎時間，那些勞動性、機械性，甚至厭惡性的工作也變得有意義，因為任何工作都可以是為主而作。

3. 接納生命有缺陷而無須遺憾：事實上，生命本身就有缺陷，缺陷就是生命的本質。傳道書三章1至8節共出現了十四對「對比」、二十八個「時」字，去指出人生的遭遇都是按時發生。傳道者用這些對比描述人生的經歷，反映出一件很重要的真理，生命不會永遠是正面，也有負面；不會永遠是積極，也有消極。人的遺憾不是人脱離不了缺陷的結果，而是不承認自己有缺陷。因此，生命本是缺陷這個事實，就要求我們選擇一種合適的態度來生活。[9]

3. 作「七日聖徒」，實踐信仰的生命操練

要抗衡所面對之張力，沒有任何捷徑，只有是靠日常恆久之屬靈操練。筆者只能向你們指出有甚麼操練的方向，但實際的操練就要靠你們自己的努力了。

1. 建立基督教倫理價值觀：筆者不是指那些高深的倫理學理論，而是指信徒應該對周遭發生的事情有合乎聖經的價值觀的觀點。那麼，我們就要熟悉聖經教訓，和經常思考不同之倫理問題。我們不要習慣於遇到問題時才找聖經之有關教訓。

2. 順服主的操練：順服主意指全心全意向著我們的主。一個委身的基督徒是一個自律，並為基督的緣故竭誠盡忠的人。因為：(1) 順服主是一心一意對準主；(2) 順服主是承認神有權擁有及管理我們的生命；(3) 順服主是對主既敬且信；(4) 順服主是不再隨己意而活；(5) 順服主是生活的自律，並且以榮耀上帝為最高生活的目標。

3. 意識自己在屬靈爭戰中：我們很多時會因工作順利，慢慢就忘記了我們的敵人是誰。你會不會在工作忙碌的時候，一直只為著工作去忙、想辦法去解決問題，而忘記了問題的背後是甚麼？我們所面對的是一個很真實，但又很多時被忘記的一個現實，就是「我們並不是與屬血氣的爭戰，乃是與那些執政的、掌權的、管轄這幽暗世界的，以及天空屬靈氣的惡魔爭戰」(弗六12)。忘記了這個現實會淡化了我們的備戰意識，鬆懈了防範。

今天，我們所面對的挑戰主要來自：(1) 世界——不信世界的價值觀、風氣、學說等；(2) 肉體——包括肉體的情慾，特別是佔有慾、渴望得人喜愛、權位的追求等，另外就是要制伏舌頭，容易有心懷怨恨而不肯饒恕，及存詭詐的心；(3) 魔鬼——因它如同吼叫的獅子，遍地遊行，尋找可吞吃的人(彼前五8)。

4. 行在聖靈裏：首先，基本條件就是要有聖靈的內住，

「如果神的靈住在你們心裏，你們就不屬肉體，乃屬聖靈了。人若沒有基督的靈，就不是屬基督的。」(羅八9) 其次，聖靈的工作包括：⑴ 祂是教師，「他要將一切的事指教你們，並且要叫你們想起我對你們所說的一切話」(約十四26)；⑵ 祂是訓慰師，祂走在我們前頭，知道路上各處的起伏變化；⑶ 祂是代禱者，祂「親自用說不出來的歎息替我們禱告。鑒察人心的，曉得聖靈的意思，因為聖靈照著神的旨意替聖徒祈求」(羅八26～27)；⑷ 祂是我們的印記，因「受了所應許的聖靈為印記。這聖靈是我們得基業的憑據，直等到神之民被贖，使他的榮耀得著稱讚。」(弗一13～14)

5. 禱告的操練：很遺憾的，當我們分析基督徒的禱告時，不難看到極多信徒的禱告是帶著功利性的動機；另一方面，許多時候我們真的把禱告當作一種必然的禮儀。

其實，禱告並不是「我們想要禱告」，因為禱告不是出於自我的主導，禱告的發動出於上帝。上帝在我們心中動了善工，使我們渴慕並肯定上帝的應許、恩慈和憐憫。雖然我們有渴望，但觸動我們祈求者是上帝，不是我們的渴慕。就好像母親主動將她的孩子抱在懷中，而孩子就享受並滿足於在她的懷中。

因此，禱告並不是基於人的需要，也不本乎人的意旨，它乃是本乎上帝藉著聖靈的運作，將祂的旨意顯明在人的心中。因此，我們肯定了不再是我的道路、我的意念，而是上帝的意念與上帝的道路。

6. 認罪的操練：認罪，其實是一個比對之後的結果。當我們將心思集中在自己及上帝身上，作一比較，發現其中的差距，就會自覺不足而謙卑地向上帝認罪。為那些應該做而不做的，以及那些不應該做而做了的認罪。它們包括：(1)驕傲；(2)貪婪；(3)妒忌；(4)揮霍；(5)淫念；(6)懶惰；(7)仇恨等(參加五19～21)。

上述所提，並不是甚麼新的大道理，可能已是很多信徒每日的操練，筆者只是將自己一些經驗及體會與讀者分享，盼望讀者們將建議放在日常操練中，以致每日都以安息日精神渡過。

六 結語

不管怎樣，守安息日是對俗世信徒很大的提醒；尤其是對三類基督徒更有重大意義：一類是忙於事奉，而未能休息的人；另一類是忙於世俗事務，而未能休息的人；第三類是受到重壓，而心靈未能安息的人。緊記耶穌的應許：「凡勞苦擔重擔的人可以到我這裏來，我就使你們得安息。」(太十一28)

今天，於我們來說「安息」實在是很重要。《屬靈操練禮讚》的作者在第二章的引言中這樣說：「在現在社會中我們的對頭撒但著重三件事：喧嘩、匆忙，和擠擁。假使他能使我們時常忙於尋求『大量』與『眾多』，他便心滿意足了。心理分析家容格(C. G. Jung)曾說：『匆忙不是屬乎魔鬼的東西，它本身就是魔鬼。』」[10]今天，魔鬼可能心滿意足地看著他自己的傑作，又取笑這羣被他用匆忙玩弄於掌中的基督徒，看基督徒如何跌入他精心設計的陷阱中。

我們有何回應呢？

註釋：

1 筆者在這裏只作出對安息日意義膚淺之反思，相信本書其他文章在這方面有詳細的論述。

2 唐慕華(Marva J. Dawn)著，陳永財譯：《俗世中的安息日操練——停止、休息、擁抱、享受》(香港：學生福音團契，2003)，頁3。

3 全書以(1)停止，(2)休息，(3)擁抱，(4)享受四個主題為基本結構；每個主題分別以七章闡述。作者從基督教神學、聖經、猶太人傳統習俗立論，讓我們認識到安息日的重要。而且，作者不只提出理論，更提供了具體的操練方法和生活模式。

4 王志學：《經歷神——退修默想導引》(香港：基道出版社，1993)，頁7。

5 隆梅爾(Ron Mehl)著，梁敏夫譯：《上帝的心事——設想周全的十誡》(台北：天恩，2000)，頁105。

6 王志學：《經歷神——退修默想導引》，頁8。

7 Eugene H. Peterson, "Confessions of a Former Sabbath Breaker", *Christianity Today* (2 Sept. 1988), 25～28.

8 龔立人：《神聖與凡俗——市井的信仰與靈性》(香港：學生福音團契，2003)，頁6。

9 龔立人：《神聖與凡俗——市井的信仰與靈性》，頁21。

10 傅士德(Richard J. Foster)著，周天和譯：《屬靈操練禮讚——靈性增長之道》(香港：學生福音團契，1982)，頁17。

9

在商界實踐安息日精神可行嗎？——一個真實個案及一次真摯對談[1]

訪問者：張祥志講師
嘉賓：尹祖伊先生（美國太子行（香港）有限公司總經理）

張：我們這個講座，除了安排講師從神學和聖經角度，探討安息日這個課題外，亦預備了一個商界的真實例子，讓我們看看在香港這個商業社會中如何實踐安息日的精神。我要訪問的嘉賓是尹祖伊先生。尹先生，你的公司能夠實踐安息日的精神，限定同事上班時間，不許他們工作得太長或太短，在香港這個社會可謂十分罕見。你是怎樣看待員工的上班時間的呢？

尹：首先，多謝貴學院給我這個分享的機會。簡單來說，限定員工上班時間是希望每個員工每星期能剛好工作四十小時，準時上班，不超時工作。即使員工超時工作，我亦不會加以稱讚，反而會鼓勵他們準時放工回家。若有員工遲到、早退或偷懶，我當然亦會加以斥責。公司既不想佔員工便宜，也不想吃虧，這是限定上班時間的好處。

張：每週工作四十小時，即是朝九晚六？

尹：是。星期一至五，早上九時至晚上六時。其中有一小時午飯。

張：星期六要上班嗎？

尹：基本上，星期六是不用上班的。但為了加強公司的競爭力，員工在星期六要輪班。公司將四十名員工分為十組，每組約每兩個月輪班一次，每次三小時，然後在星期一至五扣減三小時上班時間。這安排既能保持公司的競爭力，又能達到五天工作。

張：你在特首曾蔭權先生提出五天工作上班時間之前，已率先推行。為何你要推行這種限定上班時間的制度呢？

尹：限定上班時間制度，並非我創立的，在美國的母公司已經推行。當時我的工作時間是早上七時半至下午四時半，因為有打卡計時，公司並不建議員工工作多一分鐘；所以大部分員工均可準時離開公司。

六年前，香港的公司剛剛創辦，只有我和數位同事，當時我每個星期要工作八十小時，由早上九時工作至晚上六時，回家與太太吃飯兩小時後，又再投入工作。如事者持續了兩年。當時人手不足，我連星期六、日也要上班。這種情況在香港的創業時期維持了一至兩年，但是結局卻叫人非常傷心。它造成了同事間的疏離。有時在政策上作了錯誤判斷，我便會大發脾氣，不單公司的發展不順利，與太太關係亦極差，因為沒時間與她溝通和談心。更嚴重的，是與父神的關係亦漸漸疏遠。當超時工作的時候，與罪特別接近，容易犯罪。

張：這的確是一段艱難的時期。

尹：公司經過四年之後，我不想同事在與其他同事、家人和神的關係上，重複那些痛苦的經歷。所以便決定基本上強制性推行準時下班的制度。結果，兩年前，公司在整體營運上反而得到很好的成效。與太太關係大有進步。我已是兩任的父親了，大兒子現在約兩歲，小兒子兩個月大，現在比以前有較多時間與家人相處。與同事關係亦更加和諧，公司要合理對待同事，聘請他們時既然是要求每週工作四十小時，我就不想增多或減少他們的工作時間。公司不想騙他們，也不想受虧損。

張：現在你的同事會否有超時工作的情況呢？

尹：有的，大約有10%超時工作的情況。有些同事會工作到晚上六時四十五分、七時或八時。但是公司的立場是不鼓勵，亦不希望同事超時工作的，因為知道最終受害的是同事及其家人，甚至是公司。

張：一般商業機構的看法是，越超時工作越好，若做足二十四小時，生意就會更多。但你卻與香港商界的做法背道而馳，這樣會否削弱你公司的競爭力，或有否遇到困難呢？

尹：真的，我遇過不少困難。不過讓我先說開心的一面吧。這幾年公司招聘員工時，有些求職者知道公司實行限定上班時間後，願意自動降低薪金要求10%至20%加入公司。我認為公司的競爭力其實是在人的身上，以人為本十分重要。若一間公司願意投資在人的身上，員工的質素便會被提升。因此實踐安息日的精神是很有價值的。

不過，話又得說回來，我所遇到的困難也不少。剛開始推行這個制度時，員工認為公司只是隨便說說，或是想搞搞形象，或只是高層管理的夢想而已。另外，我自己亦是一個困難。因為我有時也要工作到七時半，所以自己亦未能做到100%限定上班時間。

不過，在落實這個計劃後，我仍是盡量避免超時工作或要求同事超時工作，切實做一個好的時間管理者。故此，當我在接生意時，會先考慮它的重要性及迫切性，而不是甚麼生意都接。在開會方面，以往一開便是六、七小時，現在便將開會時間縮短至兩小時；各人在會前做好準備，有議程、有報告、有會議記錄和有經充份準備的討論。另外，我會鼓勵員工作主動報告(Active reporting)，希望下屬每日會用五至十分鐘，坦誠地與上司分享公司的問題及商機。下屬不單要提出問題，還要提出解決的方法，否則我便不作回應。公司的基本要求是，同事要有能力幫助公司解決問題及創造利潤。而在這種限時工作的制度下，這要求是可以達到的。

張：你的重點是重質素，而不是重量，即使工作時間很長也不一定有很好的效果。

尹：是，重質不重量。我不想見到有員工拖長工作時間，人又累，公司又不會發超時補薪。這是不恰當的。

張：你是美國太子行香港公司的最高負責人，但美國母公司的高層又有何看法？

尹：讓我舉一個例子來說明母公司在這方面的看法。有一晚，我電郵給上司，電郵列明的時間是晚上十時或十一時。這似乎證明我非常勤力。當時美國的時間是日間，豈料上司沒有回答我的問題，只覆我：「回家去吧。」這就是我上司的看法。為甚麼要提這個例子呢？原因是十一年前，我上司面試時問我，你怎樣安排你人生的優先次序？當時我仍未信主，我認為這是個膚淺的問題，便回答他以家庭事業並重。他說這是非常好，但他卻以神為首位，第二是家庭，第三是事業。我當時口雖說好，心卻暗想，這人真是個奸商，這些騙人的話也說得出來。那時我剛唸完工商管理課程，對於管理策略非常熟悉，認為這是商人的騙人技倆。後來我為了這句話，花了三年半時間觀察他，留意他每一步的決定怎樣依靠神。最後，在這三年半之後我便信了耶穌，因為我確實相信他背後的那位神真的很「勁」，的確是位真神。我的上司不會支持員工超時工作。他很愛惜員工，看他們為肢體，而不是一部機器。機器的零件損壞可以換掉，但是員工是肢體，就如眼、耳、腳、手，若是病了，不是把它割掉就算，而是要找醫生治療。這便是我們公司的態度。所以我辭退員工的機會近乎零；同樣，我美國的上司在二十年裏也從未輕易辭退過一個員工。

張：你實踐限定上班時間，背後是否有一個信仰的理念在推動你要如此做呢？

尹：是的。我信主之後，便明白到我上司的心態。信仰要求一間公司的成功是要合乎神的心意的。我在美國經歷的三年半訓練，親眼見過這是可行的。雖然回港後，曾經失敗過，但最終還能實踐起來。這個理念有兩方面，第一是優先次序。作為基督徒，又是一間公司的管理人，我要以神為第一位，家庭佔第二位，事業則佔第三位。

第二是喜樂平安。我們這種管理的方式，讓外人看出基督徒對安息日的堅持，是能讓人享受到真正的平安和喜樂。我們是能讓每個階層的同事享受到豐盛的生命的。這就是我們背後的理念。由始至終我對面試的人說，在公司工作是解決問題及賺錢；但是，我們終極的使命卻有兩個，第一是榮耀神，第二是藉工作去建立人，並建立自己。按這理念去工作並不容易，但當我們堅持下去，最後便會發現神奇迹的帶領及供應。

張：你是上司，實行這個理念當然沒有問題，但是對於員工(打工仔)又怎樣？上司施壓要求員工超時工作，又願作補薪時，面對壓力的員工又怎樣實踐這個理念呢？

尹：關鍵是你是否確知自己是一個基督徒，這一點非常重要。作為一個員工最重要不是認定自己是員工的身分，而是為能作為員工而去感恩：

1. 為擁有一份工作而感恩。因為在香港還有很多人找不到工作。有工作代表有健康身體、有稍為健康的心靈、有一羣熱心的同事可以分享；故此，要為此感恩。有工作代表有一定的收入，他便可以供養家庭，和奉獻教會。
2. 為作為一個香港的員工而感恩。香港是個很自由的地方，雖然工作壓力很大，但可以選擇的工作種類仍很多。我認識有些國家未必有機會讓工人選擇不同種類的工作。
3. 為神而感恩。我們應深信現在的工作是神最好的安排。

有些人會對工作不滿，滿肚怨氣。但是，我們若確定現在的工作是神給我們的，我們便應該問，此刻神的心意如何？而不是對神給我的工作表示不滿意。

對員工我有兩個建議：

1. 安排好人生的優先次序，將神放在首位，家庭第二，工作第三，我確信這個優先次序是非常好的。因我是花過十年時間去觀察它的成效的。我確信這個次序能幫助我更清晰地處理事情。
2. 反思目前生活方式，如電郵、手提電腦、手提電話等，是帶給人輕鬆的生活，抑或是增加人的工作、壓力和憂慮。員工要深思這些科技是在管轄我們，還是我們在管轄它們。作為一個好的時間管理者，要以安息日的精神安排自己的時間表。先安排時間給神，如祈禱、靈修、開小組等。其次是多些時間陪家人。最後才是工作。

張：多謝尹先生的分享。你給了我們一個很好的見證，讓我們知道，縱使在香港商界的職場裏，安息日的精神仍然是可以實踐的。

註釋：

1 編者按：本文是香港神學院於二○○六年四月二十一日所舉辦的大型講座「香港，你有安息嗎？」中的見證分享。由郭燕萍小姐筆錄。

跋

邵樟平

文章寫完了！編輯的工作亦快做完了！不過，心中仍好像想補充一點甚麼似的。

想補充甚麼？

想補充的，是近大半年來一直盤踞著我的思想的兩個意象。表面看來，這兩個意象跟安息似乎沾不上邊。但當我嘗試透過這兩個意象去反思安息如何能真實地扣起生命與生活時，我卻得到一些啟發。故此，我藉這個機會作一點分享。

第一個意象是高空中的一隻飛鷹。這個意象是一次我偶然由客廳外望，看見一隻鷹在空中飛翔而得到的。當時，我望見窗外有一隻飛得很高的鷹，看著牠兩翼展開，似乎是保持著一種動也不動的靜止狀態，十足的舒適、十足的悠閒；但是，牠當時其實是以高速在空中翱翔，那看似不動的身軀，其實在瞬間已俯衝十數米，再在瞬間又飛升十數米。這個景象叫我對安息若有所悟。

那隻鷹的確是在享受著安息、享受著憩靜，但是同一時間，牠又的確是在享受著活動、享受著速度。牠為何能如此？理由很簡單，因為牠任由一股強大的氣流去承托起牠的身軀。牠的安息在那裏？就是讓身軀安躺在氣流之上。不過，這不是一種靜止和死寂的安息，這是一種在活動中的安息，牠只需簡簡單單地順著那股氣流，便能夠以極優美的姿勢，和極高的速度在空中飛翔。

這意象引起我內心猛然回響：這就是我所嚮往的安息。

第二個意象是一個繭。這個意象是由我講道所常用的毛蟲與蝴蝶的比喻衍生出來。我想像前面有一個不動的繭，它好像很安息地掛在那裏。從外表看，它完全處於一種安寧狀態；但是從裏面看，我卻清楚知道，生命一天一天的在更新變化。未作繭前本來是一條醜陋的毛蟲，作繭之後將自己困鎖其中，再過一段日子，毛蟲不見了，破繭而出的，卻是一隻艷麗奪目的蝴蝶。這個景象又叫我對安息若有所悟。

那個繭的確是在享受著安息、享受著憩靜，但是同一時間，內裏的毛蟲又的確經歷著生命的巨變。繭和毛蟲為何能如此？理由很簡單，因為繭裏的毛蟲讓自己去經歷那股強大的內在生命力，牠讓那生命力流遍身體的每一處，進行徹底的改造。牠的安息在那裏？就是讓那大能的生命之流貫注整個身軀。這不是一種靜止和死寂的安息，這乃是生命在蛻變中的安息。當毛蟲輕輕鬆鬆地順著生命之流被徹底改造後，牠便能以全新的美麗身軀邁向新生。

這個意象又一次引來我內心的猛然回響：這就是我所嚮往的安息。

兩個意象，叫我對生命、生活和安息生出了深深的嚮往。

作者簡介

(按照文章次序排列)

陳文芳

香港神學院通識及聖經科專任講師

褚永華

香港神學院院長、聖經科專任講師

張祥志

香港神學院聖經科專任講師

邵樟平

香港神學院聖經科專任講師

蘇遠泰

香港神學院神學及歷史科專任講師

趙崇明

香港神學院神學及歷史科專任講師

張慧玲

香港神學院聖經科及實用神學科專任講師

張天和

香港神學院實用神學科專任講師

尹祖伊

美國太子行(香港)有限公司總經理

歡迎報讀香港神學院各類課程

1. 道學碩士課程（Master of Divinity）

全時間三年課程，共修讀110學分。

2. 道學碩士（教牧進修）課程（Master of Divinity（Pastoral Studies））

部分時間課程，最多在七年之內完成，共修讀70學分。

3. 基督教研究碩士課程（Master of Christian Studies）

部分時間課程，修讀時間需要三至七年，共修讀51學分。

4. 神學學士課程（Bachelor of Theology）

全時間四年課程，共修讀139學分。

5. 神學文憑課程（Diploma in Theology）

全時間要修讀一年，部分時間要修讀二至五年，共修讀36學分。

6. 延伸證書課程

不限修讀年期，最少要修讀8科。

歡迎各教會信徒報讀，欲索取詳細資料，請瀏覽本院網頁www.bshk.edu.hk 或致電 2194 3003 聯絡教務處郭小姐查詢。

歡迎報讀「當代教會課題研討」課程

香港神學院一方面秉承著服侍教會，為教會培訓信徒的宗旨，同時亦認為神學必須是一門可以回應教會和社會具體處境的學問。於是便從二〇〇四年九月開始，新開設一科名為「當代教會課題研討」的課程，此課程每年九月均會開辦，旨在幫助學員針對時下香港教會或社會所面對的重要議題作神學反省及回應，因此每次所討論的課題都會隨著教會及社會的需要而轉變。二〇〇四年上述課程所探討的課題是「香港的教會與政治」，二〇〇五年的課題是「苦難神學」，二〇〇六年的課題則是「安息日神學的現代意義」，至於二〇〇七年九月課程探討的課題將會是「無情世界與有情神學」。歡迎各教會信徒報讀，欲索取此課程資料，請瀏覽本院網頁www.bshk.edu.hk或致電2194 3005向延伸部鄒小姐查詢。

緊扣時代　服事教會

以文字傳揚基督真道

讀者意見表

衷心多謝你購買本社書籍。本社一直致力以出版事工服事教會，幫助信徒扎根於神的話語，促進靈命增長。為使我們的出版更能滿足你的需要，請填寫下列各項資料，並寄回或傳真予本社。

所購書籍：＿＿＿＿＿＿＿＿＿＿

本書最吸引你的地方：

□作者　□適切性　□文筆　□設計　□實用性

□其他：＿＿＿＿＿＿＿＿＿＿

購買本書地點：

□基道書樓　□基督教書店　□非基督教書店

性別：□男　□女　職業：＿＿＿＿＿＿

信仰：□基督徒　□非基督徒

年齡：□ 16 歲或以下　□ 17～25 歲　□ 26～35 歲
□ 36～55 歲　□ 56 歲或以上

學歷：□中三或以下　□中五　□預科
□大學　□研究院

□我欲更多了解基道出版社的事工及考慮支持，請寄給我下列資料：

□機構簡介　□新書資料　□基道會員通訊

□《基道文字事工通訊》

姓名：＿＿＿＿＿＿＿＿＿＿電話：＿＿＿＿＿＿

地址：＿＿＿＿＿＿＿＿＿＿

＿＿＿＿＿＿＿＿＿＿

傳真：＿＿＿＿＿＿　電子郵件：＿＿＿＿＿＿

其他意見：＿＿＿＿＿＿＿＿＿＿

＿＿＿＿＿＿＿＿＿＿

多謝賜教！

基道出版社

意見表可以傳真（2687-0281）或直接郵寄以下地址：
香港沙田火炭坳背灣街26號富騰工業中心1011室
基道出版社編輯部收